Albert Glombek

… und? – weiter?

73 Jahre katholisch

Eine Zwischenstimme

Albert Glombek

... und? – weiter?

73 Jahre katholisch

Eine Zwischenstimme

Bernardus-Verlag 2023

Impressum

1. Auflage 2023

In der Verlagsgruppe Mainz

Printed in Germany

Bernardus-Verlag
Verlagsgruppe Mainz
Süsterfeldstraße 83
52072 Aachen
www.bernardus-verlag.de

Gestaltung, Druck und Vertrieb:
Druck & Verlagshaus Mainz
Süsterfeldstraße 83
52072 Aachen
www.verlag-mainz.de

ISBN-10: 3-8107-0381-8
ISBN-13: 978-3-8107-0381-1

Inhaltsverzeichnis

Eine Ausgangserfahrung

Während der ersten Jahre meiner Kindheit wohnten wir, meine Eltern, mein älterer Bruder und ich, in einem kleinen dörflichen Haus nördlich der Eifel, vielleicht zehn Kilometer entfernt von den ersten Anhöhen. Gegenüber der schmalen Straße lag etwas versetzt eine Holzhandlung – meinen Vater amüsierte es, von einer Holzgießerei zu sprechen. Die Aufteilung jenes Grundstücks habe ich nicht mehr vor Augen: Wohnhaus, Geschäftsraum, Lagerhalle, im Freien gestapeltes Holz. Jedenfalls war es keine geschlossene Hausfront, man konnte zwischen verschiedenen, etwas verwahrlosten Gebäuden hindurch gucken auf die Wiese und Felder dahinter. Aber meine eigentliche Erinnerung ist nur der Blick auf die viel weiter entfernten Höhenzüge. Ich erinnere mich an keine Farben, kein Wetter, keine landschaftliche Gliederung, nur eine unspektakuläre Silhouette, die, vom Dunst leicht aufgesogen, mit der weißlich grauen, gedeckt lichtvollen Himmelsferne zu spielen schien. Dorthin zu schauen tränkte das Innenleben des Drei- oder Vierjährigen mit dem sonderbaren Gefühl, beschenkt und zugleich leer und brennend bedürftig zu sein; und jedenfalls da hin zu wollen. Es war die ganz unreflektierte, unmittelbare, wunderbar kindliche Erfahrung, innerster Sehnsucht fähig zu sein, »weiter« Luft holen zu können. So sehr auch Lebenserinnerungen im Nachhinein konfiguriert werden und nicht dem eigentlich Erlebten gleichkommen: Ich halte jenen Anblick für meine erste »spirituelle« Erfahrung. Sie war mir als Kind in jenem Dorf lieb und sie hat mich mein Leben lang begleitet.

Meine Motivation

Ich notiere aus meiner Erinnerung mehr oder weniger religiös geprägte Impulse: nicht, weil sie mir besonders originell und hervorhebenswert erscheinen, sondern weil ich sie mir nicht zerreiben lassen möchte zwischen Kräften, die sich in meiner Wahrnehmung robust in den Vordergrund geboxt haben. Ich versuche damit, mich wenigstens ein wenig den Stricken geharnischt gedankenloser Positionen in meiner Umgebung zu entwinden. Ich versuche, im Strudel mitreißend selbstgewisser Teilmehrheiten zu Atem zu kommen und im Zuge einer persönlichen Bestandsaufnahme einen Bestand zu erkennen.

Im Folgenden werde ich mich nicht systematisch-ausführlich daran abarbeiten: weder an den Unterdrückungsmechanismen vorgeblich rechtgläubiger Untoter im kirchlichen Raum noch an einem Sammelsurium modischer Billigangebote zwischen Softreligion und Gesichtslosigkeit. Ich spiele hier vor allem auf die katholische Kirche an, der ich seit 73 Jahren angehöre. Mir graut vor einer religiösen Institution, in deren auch bestimmenden Kreisen sich ganz unbeirrt Kriminelle betätigen, ihr Tun systematisch tarnen und sich gegenseitig decken: sich selbst immunisierende systematische Rechtsbrecher, vor allem zum Nutzen des eigenen Machterhalts. Genauso armselig finde ich ein Christentum, das – oft guten Willens, aber ohne inneren Kompass – den Befindlichkeiten seiner Klientel auf allen Ebenen mit marktgängigen Billigangeboten dienlich sein will, mit psychobalancierendem »Zumindest-mein-Herz-ist-rein«-Getingel.

Wenn ich mich empört und radikal gegen menschenverachtende Anmaßung von individueller Seite, aber sehr viel mehr noch seitens des heutigen Systems Kirche wende, stelle ich dezidiert nicht die Heilsamkeit der Botschaft Jesu in Frage. Ich stelle auch nicht prinzipiell die Bedeutung der »Kirche« in Abrede, das heißt einer Gemeinschaft und einer Tradition von »Glaubenden«, ohne die nach Jesu Tod niemand diese Heilsamkeit hätte erfahren können.

Wenn ich mir andererseits froh und dankbar Rechenschaft gebe über die Fülle dessen, was mir in dieser Gemeinschaft zugewachsen ist, heißt das keinesfalls, dass ich die Verfassung der heutigen Kirche in unserer Kultur auch nur annähernd akzeptabel finde. Wenn einzelne Menschen nach meinem Dafürhalten Falsches tun und denken, kann ich das tolerieren, vorausgesetzt sie sind zu Einsicht und Korrektur bereit; nicht aber, wenn Machtstrukturen »das Heil der Welt« pervertieren.

Mit anderen Worten, ich stehe – sicher mit vielen Anderen – »zwischen« den Fronten.

Vielleicht dient es der Einordnung der vorliegenden Erinnerungen und Überlegungen, wenn man weiß, dass sie durch solche Einschätzungen ausgelöst wurde.

Natürlich wurde und werde ich genauso wie jeder Mensch in seiner Lebenszeit von Einflüssen wie etwa auch den genannten geprägt, selbst in meiner Aversion dagegen. Jedoch – ob es eine Selbsttäuschung ist oder nicht – mir scheint doch, dass in einer persönlichen Entwicklung etwas liegen kann, das sich nicht reduzieren lässt – flapsig gesagt – entweder auf eine vorwegnehmende Verkalkung oder auf ein Knetgummidasein, eine unterscheidungslose Adaptation trudelnder Oberflächenreize. Koste, was es wolle, Traditionen rein zu halten oder das Label »modern« als Gütesiegel anzusehen befriedigt mich nicht.

Meine Einstellung hat im Übrigen nichts Musterhaftes (selbst wenn sich vielleicht einzelne in der Nachkriegszeit geborene rheinische Katholiken darin wiederfinden können). Mein Wunsch ist nur, diesem Gedanken Raum zu geben: Keine amtskirchliche Lehre und Struktur, keine davon abgenabelte moderne Ersatzlösung, am wenigsten aber intellektuell und lebensweltlich appliziertes »Gott-ist-tot«-Getöne, selbst unter sozialem Anstrich, hat auch nur das Geringste zu tun mit jenem Angezogenwerden des kleinen Jungen durch ferne Berge und Licht; oder besser gesagt, es entspricht nicht meiner Geschichte, als deren frühesten Punkt meine Erinnerung jenen sehnsüchtig erfüllten Blick festhält.

Diese Wahrnehmung, diese Einschätzung könnte Atemluft geben in einer Religion, für mich also in der christlichen Kirche. Sie könnte einen darin bestärken, nichts und niemanden und auch nicht sich selbst in diese oder jene Richtung zu striegeln oder striegeln zu lassen. Sie könnte einen mit Althergebrachtem und Neuem zusammenbringen, mit Mustern und Spontanem, mit Schönem und Schmerzhaftem, mit Stolz und Selbstzweifel, mit schweren Problemen und geschenkhaftem Glück, mit Vorwurf und Dankbarkeit, mit Eigenem und Anderem, mit Klarheit und Unverständlichem, mit Bedingtem und Unbedingtem. Sie könnte spirituellem Leben Raum geben, so wie es der kleine Junge ohne jede Gängelei erfahren hat, wenn er draußen gerne zwischen den Schuppen der Holzgießerei in die Ferne schaute.

Katholische Sozialisation

Ich bin durch und durch katholisch aufgewachsen. Als Kind hatte ich dazu keine Meinung, es war das Gegebene. Wir gingen mit der Familie regelmäßig zur Kirche, wir feierten die kirchlichen Feste, wir beteten vor und nach dem Mittagessen und zum Schlafengehen, freitags gab es kein Fleisch und wir fasteten zu den üblichen Zeiten, besonders von Aschermittwoch bis Ostern; das heißt, wir aßen – wenigstens offiziell – keine Süßigkeiten. Es war einfach so, es tat nicht weh, ich fand es nicht einschneidend, eher farbig.

Nach meiner Erinnerung gestaltete ganz überwiegend meine Mutter diese Traditionen bei uns im Einzelnen aus. Mein Vater, obgleich aus dem erzkatholischen Schlesien stammend, war dafür wohl weniger bestimmend. Nichts davon habe ich als unlieb oder bedrückend empfunden. Ich wäre auch nie auf diese Idee gekommen.

Als Kind und als Jugendlicher lebte ich auch außerhalb der Familie in einer selbstverständlich christlichen und weitgehend auch dezidiert katholischen Umgebung. Dazu gehörten auch die meisten mit uns befreundeten Familien. Wir wohnten in traditionellen CDU-Städten und meine verschiedenen Schulen, obgleich nicht in kirchlicher Trägerschaft, waren bürgerlich-christlich geprägt.

Im Folgenden erzähle ich von wichtigen Impulsen.

»ad altare Dei«

Ich hatte einen ein Jahr älteren Bruder, der sich schon früh ausgesprochen kirchenaffin zeigte. Ich machte ihm eigentlich alles nach; beziehungsweise machte es mit ihm zusammen. Alternativen sind mir in diesem Alter gar nicht in den Sinn gekommen. Konkrete Einzelheiten aus meinen ersten Lebensjahren sind mir nicht mehr im Gedächtnis, ganz anders als die Zeit ab dem sechsten Lebensjahr meines Bruders. Da kam er in die Grundschule. Das war die Voraussetzung um Messdiener zu werden. In der Pfarrgemeinde in Köln, wohin wir umgezogen waren, diente die Kapelle eines Krankenhauses in der Nähe unserer Wohnung als Pfarrkirche – die eigentliche Kirche war nach dem Krieg noch nicht wieder aufgebaut worden.

Der späteren Erzählung meiner Mutter zu Folge kam uns einmal der Pastor auf dem Bürgersteig entgegen. Mein Bruder schubste sie ihm im richtigen Augenblick in den Weg mit der entschiedenen Ansage »Frag ihn jetzt!«. Seit einiger Zeit nämlich hatte er beschlossen Messdiener zu werden. Dann war es wohl so, dass der Pastor uns freundlich ansah, meine Mutter etwas verlegen ihren Auftrag erfüllte und der Pastor lachte und uns Jungen einlud, ihn einmal in der Kapelle aufzusuchen. Die konkreten weiteren Details sind mir verblasst. Sie führten jedenfalls dazu, dass wir beide – mein Bruder schon mit ganz guten, ich mit keinerlei Lesefähigkeiten – in wenigen Wochen die Texte aller Gebete und Antworten auswendig lernten, die von den Messdienern damals, oft im Wechsel mit dem Priester, in jeder Messe gesprochen werden mussten: »Introibo ad altare Dei, ad Deum qui laetificat juventutem meam …« Ich weiß sicher, dass ich keinerlei Ahnung hatte, was ich da gerade auf Latein sagte. (»Ich will eintreten zum Altare Gottes, zu Gott, der meine Jugend erfreut.«) Dies minderte meine Zufriedenheit in keinster Weise. Ich hätte mir auch kein Schwächeln beim Lernen erlauben dürfen. Mein Bruder war ein unnachgiebiger, aber auch unerklärlich geschickter Lehrer. Die erst genannte Eigenschaft kam bei meinen Sprachstudien wohl nicht sehr extrem zum Zuge. Wenn mein Bruder sagte, das ist gut, das machen wir, dann haben wir es gemacht und es war auch für mich gut.

Bald durften wir zum ersten Mal »eine Messe dienen«. Mein Bruder musste mich kaum einmal streng angucken oder mir einen Wink geben oder zu einer lateinischen Antwort etwas vor mir ansetzen und mir einhelfen. Kein Pontifikalamt hätte liturgisch souveräner zelebriert werden können als unsere erste Messdienerperformance.

Der Pastor war wohl selbst erstaunt, wie fix wir das hinbekamen. Das war aber auch sein Verdienst – nicht, weil er sehr oft mit uns hätte üben müssen, sondern weil er uns durch und durch wohlwollend begegnete. Dasselbe galt auch für die Ordensschwester, die neben ihren Tätigkeiten im Krankenhaus auch den Küsterdienst verrichtete. Ich erinnere mich an sie als eine alte, schon recht gebeugte, leicht humpelnde Frau, die immer von Kopf bis Fuß ihre weite schwarze Kleidung trug. Das war Schwester Kunigunde. Wir haben sie geliebt und sie uns. Das äußerte sich nicht in langen persönlichen oder sonst wie intensiven Gesprächen oder in irgendwelchen Nettigkeiten. Beide Seiten spürten die gegenseitige Sympathie und waren damit glücklich.

Ich empfinde es als eine ausgemachte Teufelei, dass ich heute von so persönlich engagierten, sensiblen, liebevollen katholischen Amtsträgern nicht sprechen kann ohne die argwöhnische Frage gleich mit im Ohr zu haben, ob sie denn weit genug von übergriffigem Verhalten entfernt waren. Nein, sie hatten damit nichts, nichts zu tun. Ich kann ihnen nur mein Leben lang dankbar sein.

Glücklich waren wir auch, weil wir auf Grund dieser persönlichen Nähe und des kurzen Weges von unserer Wohnung zum Krankenhaus oft morgens vor der Schule »dienen« durften. Sehr früh aufzustehen, machte uns nichts aus. Wir waren Männer und hatten eine Mission. Mein Bruder ließ Gedanken an ein Murren ohnehin nicht zu. Zu dieser Zeit galt es noch als Pflicht eines Priesters, jeden Tag eine Messe zu »lesen«. Eine Messe setzte aber eine Gemeinde voraus, konkret: noch jemand außer dem Priester selbst musste dabei sein. Damit kamen wir ins Spiel. Da es eine ganze Reihe Priester gab, die mit der Pfarrei verbunden waren, wurden morgens früh oft drei Messen hintereinander gelesen. Also mussten wir dreimal hintereinander die Messe dienen und dreimal unsere lateinischen Texte aufsagen. Das hatte für uns eine sportliche Note. Und wir verglichen auch immer, wie lange die verschiedenen Priester für die Messliturgie brauchten, und feierten jede Minimallösung als neuen Rekord. Zudem hatte unser frommes Tun für uns auch eine entlastende Seite, weil wir danach offiziell zu spät zum Unterricht kommen durften. Seitens der Schule religiöse Arbeitsleistung zu verbieten oder zu bestrafen wäre ja unpädagogisch gewesen.

Bis heute kann ich die damals erlebte »Spiritualität« nicht im Geringsten verurteilen. Wir wussten oder empfanden sehr wohl, dass es in der Messe um etwas Höheres ging als um Mummenschanz oder um irgendwelche Alltagsverrichtungen. Und wir nahmen daran teil. Es war so stimmig, wie Kindheit nur sein kann. Vorwürfe wie Autoritätsmissbrauch, sinnentleerte Veräußerlichung, Zynismus … – nichts von derartiger heute nahe liegender Kritik trifft auch nur im Geringsten meine damalige Erfahrung.

Katholische Messen waren damals im Übrigen für Ministranten sehr kurzweilig und zum Teil fordernd; so sehr, dass wir es manchmal zu Hause nachspielten, entweder mit Spielfiguren oder besser »live«. Man musste in der Sakristei einen Talar in passender Größe aus einem in die Wand eingelassenen Schrank aussuchen und ihn von oben bis unten zuknöpfen. Darüber wurde ein über-hüftlanges weißes Rochett geworfen, aus dem ein Kragen ausgeschnitten war, oder man musste einen zusätzlichen Kragen umlegen. Wenn wir zu Beginn der Messe vor dem Priester in den Kirchenraum hinausgingen, betätigten wir als Startzeichen für die Gemeinde eine Glocke an der Sakristeitür und zogen gemessenen Schrittes ein, die Messdiener gegebenenfalls in Zweierreihe voran. Je feierlicher die Messe, also vor allem an den hohen Festtagen, desto mehr Messdiener und Kleriker bildeten den Zug. Als letzter ging der Wichtigste, der eigentliche Zelebrant.

Darum stritten wir zu Hause beim Messespielen manchmal, wer als letzter (= zweiter) gehen durfte.

In feierlichen Gottesdiensten verrichteten zwei Jungen den normalen Altardienst (Mädchen durften nicht »ad altare Dei.«). Diesen gingen paarweise

»Akoluthen« mit ihren langen Kerzen auf hohen Ständern und »Weihrauch« voraus. Letztere Funktion konnten nur die Fortgeschrittenen, also meist Ältere übernehmen: Einer hielt zwar nur das schiffchenförmige aufklappbare Gefäß, in dem sich die Weihrauchkörner und ein Löffelchen zum etwaigen Nachlegen befand. Der andere aber musste das eigentliche Weihrauchfass bedienen, eine Metallschüssel mit glühender Kohle, die an mehreren dünnen Kettchen hing, damit man das Fass schwenken und so die Glut anfachen konnte. Die Ketten waren oben an einem Ring befestigt, durch den man an weiteren Kettchen den auf der Schüssel aufliegenden Deckel öffnen konnte. Die anspruchsvolle Aufgabe bestand also darin, sich bei Bedarf vor den Priester zu stellen, den Deckel hoch zu ziehen, mit der einen Hand den Ring festzuhalten, mit der anderen Hand alle Ketten auf halber Höhe zu packen und so hoch zu heben, dass der Priester bequem Weihrauchkörner aus dem hingehaltenen Schiffchen auf die glühend heiße Kohle löffeln konnte. Bei manchen Gottesdiensten mussten aber die betreffenden Messdiener auch selbst nachlegen. Das war die Stunde des Schiffchenträgers. Denn dieser konnte jetzt eigenhändig die Kohle im Weihrauchfass etwas ankratzen, so dass die Glut wieder offen lag, und in richtiger Dosierung Weihrauchkörner darauf platzieren: genug um ordentliche Schwaden zu erzeugen, aber nicht zu viel, um die Glut nicht zu ersticken, und vor allem nicht nutzlos neben die Kohle. Danach war es wieder Aufgabe des Weihrauchfassträgers den Deckel herunter zu lassen, ohne dass die Kettchen sich verhedderten und ohne dass der Deckel scheppernd auf das Gefäß fiel. Für ihn war es schließlich eine Angelegenheit der Vorsicht, des Feingefühls und der individuellen Forschheit, das Fass so zu schwenken, dass es nirgendwo gegen knallte; dass die Glut genügend, aber nicht zu stark und dadurch in nur kurzer Zeit wegbrannte; und wie zurückhaltend oder üppig er den Kirchenraum mit geweihtem Rauch sättigte. Immerhin hätte niemand von uns einem proaktiven Weihrauchschwenker einen Vorwurf gemacht, wenn die Messdiener beispielsweise in einer besonders festlichen Mitternachtsmette lange stehen mussten und einer von uns inmitten kaum mehr durchsichtiger Weihrauchschwaden ohnmächtig wurde und lang hinschlug. Dann packten alle an. Wir waren schließlich belehrt, dass man dem Weihrauch seit alters reinigende, heilsame Wirkungen zugeschrieben hatte.

Ich habe der Zeit weit vorgegriffen. In der Krankenhauskapelle spielten sich noch nicht derart feierliche Szenen ab. Aber auch die normale Werktags- und Sonntagsmesse steckte voller Aufgaben und Bewährungsproben.

Zum Beispiel musste man sich im richtigen Augenblick auf die unterste Altarstufe hinknien und wieder aufstehen, möglichst synchron mit dem anderen Messdiener und in gerader, fließender Bewegung und ohne mit den Schuhen am langen Talar hängen zu bleiben. Das dicke Messbuch musste mitsamt dem flachen Tischpult, auf dem es aufgeschlagen lag, von einer Seite des Altars auf die andere getragen werden. Zu diesem Zwecke trat man mit angemessener Kopfverbeugung an den Altar heran. Man musste – für einen kleineren Jungen ergonomisch ungünstig – das hoch liegende Pult beidseitig aufheben, die Altarstufen im Rücken des Priesters hinuntergehen (damals stand er noch nicht der Gemeinde zugewandt am

Altar), unten in der Mitte eine Verneigung oder Kniebeuge machen, auf der anderen Seite wieder hinaufgehen und das Buch schräg auf den Altar stellen, so dass der Priester es von der Altarmitte aus gut einsehen konnte. Ich habe dabei allenfalls einmal für einen Sekundenbruchteil das Gleichgewicht suchen müssen. Nie bin ich so gestolpert, dass mir das Messbuch zu Boden gefallen wäre.

Eher Achtsamkeit als allgemeine Körperbeherrschung verlangte es, dem Priester Wein und Wasser in kleinen Kännchen von einer seitlich im Altarraum angebrachten Konsole zum Altar zu bringen. Zur Gabenbereitung goss man erst etwas Wein und dann einen Tropfen Wasser in den Kelch, den der Priester einem vorhielt. Beim zweiten Auftritt ging es darum, wieder etwas Wein in den Kelch zu gießen, den der Priester darin schwenkte und dann trank, um keine Rückstände des zuvor verwandelten Weins zurück zu lassen. Aus demselben Grund hielt er sodann Daumen und Zeigefinger über den Kelch, mit denen er die Kommunion ausgeteilt hatte. Der Messdiener spülte ihm etwaige haftende Rückstände mit einer kleinen Wassermenge ab, die er mit einer Schale auffing. Der Priester nahm ihm dann selbst ein gut gebügeltes kleines weißes Tuch vom linken Unterarm und trocknete seine Hände.

Lediglich durchschnittliche Geistesgegenwart gehörte dazu, im richtigen Augenblick, zum Beispiel zur Wandlung und vor der Kommunion zu klingeln. Dazu benutzte man die vor oder neben seinem Platz auf einem Fils ruhende Schelle, einen Kranz aus vielen hell klingenden Glöckchen. Diesen hob man möglichst geräuschlos an und drehte ihn dann aus dem Handgelenk mittelstark hin und her. Einen höheren

Level erreichte man, wenn man dies genau synchron mit dem anderen Messdiener, in passender Dauer und in einer klangästhetischen Mitte zwischen schüchternem Bimmeln und schrillem Radau hinbekam.

Schließlich waren Messdiener auch für die Antworten auf die an die Gemeinde gerichteten Worte des Priesters zuständig. Ich kannte sie zwar alle, neigte aber gelegentlich dazu, sie zu verschlafen. Das fiel zumindest in den Fällen auf, in denen wir die einzigen Vertreter der Gemeinde waren.

Innerlich – Äußerlich

Es gibt viele gute Gründe dafür, dass sich die Liturgie und damit auch die Funktion von Messdienern verändert hat. Meines Erachtens gib es aber auch schlechte Gründe dafür, warum und wohin sie sich verändert hat. Normale Messen nicht weniger als besonders festliche Gottesdienste, gerade auch in ihrer langjährigen Wiederholung, konnten für mein Gefühl eine nachhaltige Erfahrung von »Religiösem« sein, von etwas innerlich Lösendem und Erweiterndem, vermittelt in sinnenhaft geerdeter und handelnder Teilhabe. Das erfuhr ich als kleiner Messdiener, ohne Worte dafür zu verwenden.

Das in aller Nüchternheit Belebende bestand ja nicht darin, sich zum bloßen Amüsement zu kostümieren und Kännchen hin und her zu tragen. An den Riten konnte sich vielmehr mein Innerlichkeitspotenzial anlehnen und festmachen. Was andere gerne als leeren Pomp aus längst vergangenen Zeiten, als theatralische Show oder billige Kirmes abtun, habe ich – mit meiner Sozialisation – nie als wesentlich treffenden Kritikpunkt am Katholizismus angesehen.

Als Kinder schmückten wir im Marienmonat zu Hause einen Maialtar mit Blümchen, Tüchern, Bildern und spielten »Messe«. Noch mit beginnender Pubertät konnte ich durchaus etwas mit einer Marienwallfahrt anfangen. Konkret erinnere ich mich nur noch an einen Umzug mit Kerzen zu einer kleinen illuminierten Mariengrotte im Dunkel. Auch hallende Hammerschläge im kahlen Kirchenraum habe ich noch im Ohr: Unter unserer aktiven Teilnahme wurde während einer Karfreitagsfeier an der Stelle von Jesu Leidensgeschichte, an der er ans Kreuz genagelt wird, auf dem Steinboden eine grobe Querlatte auf ein klobiges Brett gehämmert und das so entstandene Kreuz aufgerichtet. Ein Highlight mit verblüffender Wirkung, aber eher zum Schmunzeln war später auf Malta eine österliche Auferstehungsvorrichtung, vermöge derer der begrabene Jesus unter drastischem Kettenrasseln und Scheppern unversehens hinter dem Altar nach oben sauste. Die Faszination schien sich bei Kindern und ortsansässigen Handwerkern die Waage zu halten, und zwar auf hohem Niveau.

Recht flach war meine innere Beteiligung an Fronleichnamsprozessionen – sie hatten für uns eher amüsante Show-Aspekte. Allerdings war mir schon in sehr jungen Jahren am Straßenschmuck gelegen. Mit Eifer pflückte ich Gänseblümchen und half sie auf der Straße zu einem Teppich zu streuen, über den die Prozession ziehen würde. Auch hier sprach mich offenbar die schöne Inszenierung an.

Hochgestimmt nahm ich schon als Junge an der besonderen liturgischen Gestaltung der Festgottesdienste Anteil: an beeindruckender Musik, an liturgischen Handlungen in gemessener Haltung und Bewegung, an der Schönheit der Kirchenräume. Mein ganzes Leben lang fand ich in guter Kirchenmusik zu dem, was meine kindliche Glaubenserziehung mir mitgegeben hatte, auch wenn für mich andere Quellen und Kanäle eher versiegten. Selbst wenn man die sentimentalen Seiten eingesteht und von der Macht der Gewohnheit absieht – »Menschen, die ihr wart verloren« am Ende der Christmette, der Hochzeitsmarsch bei der Trauung, geistlich inspirierte Konzerte vor den christlichen

Hochfesten: Die Sprache der Töne und, allgemein, einer ästhetischen Form spricht offenbar nicht nur mich bedeutungsvoller an als viele sattsam bekannte religiöse Texte und Formeln. Jedenfalls finde ich nicht nur pubertäre Verstiegenheit in meiner Erinnerung an ein Weihnachtshochamt, in dem ich den Einzug der zwölf Leuchterträger anführte, die auf der Treppe zum Altarraum beidseitig um die dort aufgebaute Krippe herum zogen um dann einen Halbkreis um das Lesepult zu bilden, an dem der Priester das Evangelium vortrug. Ich erinnere mich an das Gefühl meines weihevoll langsamen und doch fließenden Schritts, der sich auf die ganze Leuchtergruppe übertrug und eine vollendete Choreographie ergab – eine Art Flow-Erlebnis. Und als ich in der Ostermette als Lektor »in heiliger Nüchternheit«, aber bewusst so ausdrucksvoll ich nur konnte die ergreifenden Sätze des Schöpfungsberichts sprach – »Im Anfang erschuf Gott Himmel und Erde« –, da steckte darin sicher wie bei einem Schauspieler auch ein guter Teil Selbstbespiegelung; ich spürte sehr wohl, dass meine Sprechweise auf die Zuhörer in den Bänken wirkte. Aber nicht dies allein. Auch mich selbst erfassten diese Worte im Innersten an diesem Fest in diesem spätromanischen Kirchenraum.

Bis heute bin ich der Meinung, dass Menschen etwas fehlt – auch modernen Menschen, auch ohne den »Muff unter den Talaren«, wenn sie Äußeres als Äußerlichkeit vernachlässigen und als unwesentlichen oder fehlleitenden Schnickschnack diskreditieren. Das Resultat ist dann oft nicht etwa purer Gehalt, sondern Gehaltlosigkeit.

Ich finde nicht, dass sich die katholische Kirche ihrer Vorliebe für »äußere« Formen schämen sollte, solange sie sich nicht zum Kitschlieferanten degradiert. Natürlich kann man die Grenze nicht in allgemein verbindlichen Formeln festlegen. Jedoch mir scheint es im jeweiligen konkreten Fall doch recht gut möglich zu fragen und sich zu verständigen, inwieweit ein Bild, ein Text, ein Ritus primär einen Impuls gibt, sich selbst, seinesgleichen, seinen Gefühlsstil, sein Weltbild zu bestätigen und zu genießen – oder aber darüber hinaus zu gehen in Richtung auf etwas, das größer und anders ist als man selbst. Alle wirkliche Kunst setzt ihre »äußerlichen« Mittel im Sinne solcher »Transzendenz« ein. Um mit der einschlägigen christlichen Erzählung zu sprechen: Gott entäußert sich und wird Mensch. So wie ich es früher gelernt habe, sind die »Sakramente« nichts anderes als Vergegenwärtigungen dessen. Kinder verstehen das Prinzip wohl besser als Erwachsene.

Außer den fernen Höhenzügen gegenüber unserem damaligen Wohnhaus hat mich längere Zeit auch ein Bild aus einem Kinderbuch begleitet. Es erzählte und illustrierte die Weihnachtsgeschichte auf konventionelle Weise. Nur fand ich hier ein Motiv besonders stark hervorgehoben, das man auch in vielen anderen Gemälden findet: die Hand oder das Gesicht von Gott-Vater über der Krippenszene. Sah man dies üblicherweise recht klein in einer Art Luke »hoch oben«, so erinnere ich mich bei besagtem Bild an einen viel größeren Gott-Vater-Kopf, vor allem aber an das, was um diesen herum zu sehen war und mich viel mehr interessierte als das Gesicht eines alten, offenbar machtvollen und gütigen Mannes mit überreichem weißgrauem Haupt- und Barthaarwuchs. Er schaute nämlich aus dem Himmel, der zum Großteil die obere

Bildhälfte einnahm, umgeben nur von einem wolkigen Rand, damit man ihn lokalisieren konnte. Der Himmel aber war eine Glut von Schönheit, dargestellt in gleißendem Hellgelb, warmem Gold und allen Abstufungen von intensiven Rotfarben. Ich weiß nicht mehr, ob und wie innerhalb dieser Lichtorgie Sonne, Mond und Sterne figürlich identifizierbar waren. Jedenfalls schlug ich, ungeachtet der Jahreszeit, immer wieder einmal dieses Buch auf, blätterte zügig über die Präliminarien hinweg und guckte mir dieses Bild an.

In etwas anderer Wendung erinnere ich mich an das in Andacht versenkte Gesicht meiner Mutter, wenn sie mit uns betete, wenn sie am Grab ihrer Eltern stand oder später täglich zwanzig Minuten in erbaulichen Büchern las. Als kleines Kind hatte ich keine Meinung dazu, später fand ich es befremdlich, als Heranwachsender war es mir nicht nachvollziehbar, eher aufgesetzt oder peinlich. Aber abgesehen von dem Wichtigsten, nämlich dass wohl jedes Kind Zugang zu inniger, entgrenzter Betrachtung hat, wenn seine Umwelt ihn nicht verschüttet: Heute fühle ich meine damalige Art nicht so entfernt von der meiner Mutter, wenn ich an mein »Meditieren« über dem Himmelsbild denke. Es war an dieses »Äußere« gekoppelt, kein ausdrücklicher, entschiedener Glaube, kein identifizierbares Für-wahr-Halten. Ich trug nur etwas davon in meinen Sinnen.

Beichte und Kommunion

Wie es mir bei meiner ersten Beichte und bei meinem ersten Empfang der Kommunion zu Mute war, ist nicht sehr viel in mir haften geblieben, obwohl das doch wichtige Ereignisse waren. Vor der Beichte hatte ich wohl kein starkes Schuldgefühl und keine besondere Reue. Anhand eines Beichtspiegels entschied ich dem Priester zu sagen, dass ich – im Wechsel »einige Male« und »manchmal« – ungehorsam war, mit meinem Bruder gezankt hatte und Süßigkeiten genascht hatte. Nach Ableistung der Buße – dreimal »Gegrüßet seist Du, Maria« beten – hatte ich immerhin das angenehme Gefühl, reinen Tisch gemacht zu haben und, wenn ich jetzt sterben würde, ohne ärgerliche Zwischenstation sofort in den Himmel zu kommen.

Mein einziges kindliches Vergehen, das mir im Augenblick der Tat und für mein ganzes Leben unter die Haut ging, habe ich nach meiner Erinnerung nicht gebeichtet. Dass ich in der Klasse beim Einsammeln des Milchgeldes dem damit beauftragten Mitschüler statt eines Groschens eine Fünf-Pfennig-Münze vorne auf das Lehrerpult warf, belastete mich nicht sonderlich. Ich ließ sie mit einer Geste, als ob ich schnell voran machen wollte, in den schon da liegenden Münzhaufen fallen statt zum Nachzählen auf die freie Fläche. Aber natürlich wurde am Ende nachgezählt und fünf Pfennige fehlten. Man zählte erneut und suchte auf dem Boden – erklärlicherweise erfolglos. Dann wurde ich gefragt, ob ich mich verzählt habe, ich sei ja so schnell an dem Sammeltisch vorbeigegangen. Ich leugnete es, zuerst vor dem Mitschüler und dann vor dem eindringlich nachfragenden Lehrer, der meinen Gesichtsausdruck wahrscheinlich längst zu deuten wusste, aber die Sache auf sich beruhen ließ. Schon in diesem Augenblick, in der weiteren Schulstunde, am Nachmittag und mein ganzes Leben hasste ich meine Lüge so abgrundtief, dass Lügen und Belogenwerden für mich das absolute No-Go wurde. Anders als Raub und Mord, so stand für mich bald fest, würde gezielte Unehrlichkeit auf meiner persönlichen Akzeptanzskala unter keiner Bedingung und überhaupt keinen Platz mehr haben.

Warum ich meine Lüge nie gebeichtet habe, weiß ich nicht. Später konnte ich den kirchlichen Lehren von Schuld und Sünde nicht mehr folgen. Ich wüsste aber nicht, dass die Geschichte meiner kleinen kindlichen Untat dazu beigetragen hätte. Allerdings halte ich es, von heute gesehen, nicht für unmöglich, dass ich mich schon damals im kirchlichen Umgang mit dem Bösen nicht wiederfinden konnte. Mir scheint es etwas zu kurz gegriffen, dass die Kirche sowohl die Frage der persönlichen Anrechenbarkeit als auch der Vergebung stark als ihren Geschäftsbereich betrachtet – statt sich der Erkenntnis zu stellen, dass sich Gutes und Böses in der Welt und deren Verhältnis im eigentlichen Kern menschlicher Rubrizierung und Verwaltung entzieht, ich fürchte, auch wohlwollender Pädagogik.

Allerdings glaube ich nicht, dass die kindliche Beichtpraxis als solche mich traumatisiert hat, eben auch nicht der Druck zum Geständnis sowie der Wisch-und-Weg-Effekt kraft kirchlicher Autorität.

Sehr viel belastender sind für mich Züge einer vorgeblich christlichen Moral, zum Beispiel was Eigentum, soziale Unterordnung angeht und natürliche das

Erregungsthema Sexualität. »Unschamhafte Gedanken und Berührungen« haben mich lange Zeit meiner Kindheit und Jugend in schmerzendes Schuldgefühl versetzt und dennoch nicht so übermächtig bestimmt, dass ich diese »Gedanken und Berührungen« allen Ernstes bereut und aufgegeben hätte oder auch nur wirklich hätte aufgeben wollen. Psychologen beschreiben mit allzu viel Recht die massiv pathogenen Folgen der christlichen Sexualmoral (die übrigens ja weitgehend auch mit den bürgerlichen Normen übereinstimmte; deren Vertreter entlarven sich mit ihrem weit ausgestreckten Zeigefinger zuweilen auch selbst).

Wer darunter litt und womöglich innerlich schwer verletzt wurde, konnte vielleicht tief in sich doch so etwas wie eine Ahnung von Genugtuung bewahren, vergleichbar derjenigen eines Freiheitskämpfers unter einem totalitären Regime: In einem höheren Sinne – in diese Hoffnung könnte man sich einüben – mag er drangsaliert und gefoltert werden, aus blankem Hass oder damit er seine Mitstreiter verrate, er mag sie im Irrsinn der Angst und der Körperqual preisgeben und dann doch getötet werden. Die Mächtigen beherrschen dennoch ihr Opfer nicht so weit, dass es sich dem Totalitären anverwandelt und sein Selbst ins Nichtsein auflöst. Dies zumindest der Versuch eines winzigen Stücks Selbstbehauptung und ausdrücklicher Rettung ihrer Würde!

Wir alle können gesellschaftlichen Determinanten nicht entgehen und wurden, was die Sexualität angeht, gerade auch von einer Seite psychisch verletzt, die das Seelenheil predigt. Das haben wir keineswegs schadlos überstanden. Doch kein Gezeichneter, kein Gebrochener ist dadurch ein Nichts geworden. Wenn die Geschichte von Jesus eins sagt, dann: die Würde ist bei dem Gebrochenen, nicht bei gesalbten Tätern.

Die hier nur angedeuteten Überlegungen betreffen nicht meine ersten Beichterfahrungen. Damals waren sie der »Gang der Dinge«, ich nahm als Newcomer selbstverständlich daran teil und fühlte auch manchmal nach der Beichte etwas wie freien Atem.

Die Sicht auf meine erste heilige Kommunion hat sich nicht in späteren Zeiten verdüstert. Ich nahm daran wie an so vielem wieder ein Jahr zu früh teil, weil ich sie zusammen mit meinem Bruder feierte. Auch wenn ich mich kaum an Einzelheiten erinnere, war ich wohl bereit und offen, als wir im Kommunionunterricht den Sinn und Zusammenhang dieses Sakraments verstehen lernten, als ich andächtig und ergriffen die Kommunion empfing und als ich mich auf dem Weg nach Hause beschenkt fühlte, allerdings auch an den Beinen fror, weil meine Mutter aus Kostengründen kurze »Kommunionhosen« für uns ausgesucht hatte. Das häusliche Fest und die Geschenke waren in der damaligen wirtschaftlichen Situation unserer Familie eher bescheiden. Aber ich war ganz zufrieden damit, innerlich einverstanden und davon erfüllt. Lange Zeit bis ins fortgeschrittene Erwachsenenalter ging ich recht regelmäßig zur Messe und empfing die Kommunion. Das »Sakrament« konnte mir eine sinnenhafte Vergegenwärtigung des Glaubensgehalts sein: Gott behält sich nicht für sich, sondern gibt sich uns. Es hatte überhaupt nichts mit vernagelter Verbaldogmatik zu tun (»Das ist mein Leib« – »Das ist mein Blut«).

Mit meiner Erstkommunion begann ja auch erst meine eigentliche »Karriere« als Messdiener mit viel Gutem, das damit zusammenhing.

Jugendarbeit

Der Dienst in der Liturgie war nur der eine Teil unseres Messdienerdaseins. Vielleicht war die »Jugendarbeit« für mich noch nachhaltiger. Als Messdiener waren wir in unserer Pfarrei Mitglieder der »Katholischen Jugend« in der damaligen KJG. Dazu gehörten auch der Kontakt und die Aktivitäten der Jugendlichen miteinander, und zwar nicht nur in gleichaltrigen Gruppen, sondern ebenso mit jeweils Jüngeren und Älteren, und die engagierte Betreuung durch Kapläne. Ich hatte das große Glück, sowohl mit mir sehr sympathischen Freunden als auch mit glaubwürdigen, inspirierenden Priestern zu tun zu haben, die für uns zuständig waren. Sie hatten Zeit für uns, gingen auf uns ein, nahmen uns ernst und gaben uns viel. Ein Kaplan ist mir besonders präsent. Selbst noch nicht sehr alt, wirkte er aufs erste nicht kinder- oder jugendnah. Er hatte eine stramme Körperhaltung, ging festen Schrittes und seine Sprechweise war absolut nicht »locker« und »cool«, eher bedacht und reserviert. Aber er hatte eine Antenne für uns und konnte persönliches Vertrauen stiften. Wir spöttelten über ihn, wenn er mit gleichsam militärischer Genauigkeit die konkreten Einzelheiten eines Zeltlagers organisierte. Was den Messdienst angeht, »drillte« er uns hingebungsvoll zu geraden, synchronen Kniebeugen, aufrechter Haltung, koordinierten Abläufen. Aber er strahlte keine Dominanz aus, er kommandierte nie, machte selbst zum Beispiel im Zeltlager auch jede Drecksarbeit mit, nahm bei Besprechungen jeden von uns ernst und übertrug uns Verantwortung. So entstanden gegenseitiges Verständnis und Wertschätzung. Dies ermöglichte offene, intensive religiöse Gespräche, auch noch und gerade, als ich der kindlichen Gläubigkeit entwachsen war.

Es handelte sich hier um die letzte lange Phase meiner Messdienerzeit bis ins Oberstufenalter. – Davor lagen zunächst meine Grundschuljahre, in denen mein Bruder und ich »eingestiegen« waren. Gegen Ende dieser Zeit fasste ich auch den Entschluss, in den Domchor zu gehen. Ich erinnere mich nicht, dass irgendjemand oder irgendein äußeres Ereignis mich dazu bewegt hätte. Leider brachte ich es nur bis zum »Vor-Chor«, wofür ich ohne mit der Wimper zu zucken einen langen Weg bis in die Stadtmitte allein zurücklegen musste. Öfters ging ich die ganze Strecke zu Fuß. Wegen einer beruflichen Veränderung meines Vaters zogen wir um, und zwar in die Peripherie einer Stadt, in der es zwar auch einen Knabenchor gab, aber in für mich unerreichbarer Entfernung. Zum Gelände der Akademie, an der mein Vater nun arbeitete, gehörten auch einige Wohnhäuser für Dozenten, von denen wir eines bezogen. In den anderen wohnten der Direktor, ein Priester als Theologiedozent und andere Dozentenfamilien mit vielen Kindern. Mit dieser kleinen Gemeinde las dieser Priester sonntags eine Messe. Mein Bruder bewerkstelligte auch hier wieder schnellstens, dass wir dort Messdiener sein konnten. Aber nicht nur das. Unsere Funktionen wurden bald aufgestockt, nämlich zu Lektoren und Kantoren.

Ich wechselte in diesem Jahr gerade zum Gymnasium. Individuelle Ansprache und Hilfe, niveauvolle Förderung und wohlwollendes Zutrauen gaben auch jetzt die Basis für unschätzbare religiöse Erfahrung. Es gab dort auch einen schon arrivierten Musikstudent, der einem Harmonium für mich unglaubliche

Hörwelten entlockte und uns mit gleichviel Sympathie und Geschick coachte – wohl einfach, weil er sein Metier liebte. Mit diesem übten wir während der Woche gregorianische Melodiemodelle, vor allem Psalmen in deutscher Sprache, und sangen sie sonntags in der Messe – zur Zufriedenheit der Gemeinde und zur großen Freude des Priesters. Der bezeichnete uns bald liebevoll als seine Kapläne (was ich nachträglich stimmlich gesehen nicht als Kompliment empfinde).

Es war ein unvergesslich schönes Geschenk meiner Jugend, dass ich hier absolut unverstellt, ohne auch nur einen Hauch von Frömmelei, unberührt von jeglicher didaktischer Ausbleichung Lieder aus den Psalmen Davids singen konnte:

Herr, unser Herrscher, wie wunderbar ist auf der ganzen Erde dein Name.

Die Himmel erzählen die Herrlichkeit Gottes; vom Werk seiner Hände kündet das Firmament.

Wir saßen an Babylons Flüssen und weinten, da unsere Gedanken nach Sion gingen.

Die in Tränen säen, mit Jauchzen werden sie ernten.

Erst ein weiterer Umzug unserer Familie führte uns zu der Gemeinde, von deren Premium-Ministrantentum schon die Rede war. Ich wurde gerade vierzehn Jahre alt. Demgemäß traten zum von klein auf verrichteten Altardienst weitere Erfahrungen: Freundschaften mit gleichaltrigen und älteren KJG-lern. Wir liebten unseren Gruppenführer und fuhren zusammen in Ferien. Mit Ende Vierzehn betraute mich unser Kaplan mit der Leitung einer eigenen jungen Messdienergruppe. Das ging nur darum ganz gut, weil mein Bruder mir auch das wieder vorgemacht hatte, weil ich in der

»Führerrunde« gut eingebettet war und weil ich genügenden Idealismus, Willenskraft und eigene Phantasie aufbrachte. Dies wurde bald auf die Probe gestellt, zum Beispiel als ich meine Gruppe von Grundschülern in einem Zeltlager bei Laune halten musste, während dessen es tagelang regnete und Wasser von oben und von unten in die Kothe drang.

Nicht im eigentlichen Sinne soldatische Kräfte waren es, die von einigen Mädchen des Kirchenchores geweckt wurden. Besonders eine hatte es mir angetan, die eine tolle Stimme hatte, sehr gut Klavier und Cello spielte, wunderschön war und mir beispielsweise während eines Karfreitagsgottesdienstes auffiel. Da stand der Chor nicht hinten auf der Orgelempore, sondern im Querschiff recht nah seitlich zum Altar. Zur abschließenden Abendmahlsfeier mussten wir ein weißes Altartuch ausbreiten, das sorgfältig gebügelt und gefaltet war und dessen Größe und Umrisse wir nicht kannten. Wir traten also zu zweit in angemessener Haltung auf, legten es auf den Altar, fingen an, es auseinander zu falten, stellten fest, dass es falsch lag, und verhedderten uns erneut. Siedend heiß fuhr es uns in den Kopf, wie unprofessionell das aussah, wie in einem schlampigen Haushalt. Schließlich schafften wir es. Als wir nach einer andachtsvollen Verneigung vom Altar abtraten, sah ich, was ich längst gespürt hatte: das offene, ungenierte Grinsen besagter Choristin. – Übrigens ein schöner Fall für eine geschlechtsspezifische Erörterung des Multitasking; eigentlich sang der Chor durchgehend während dieser Szene seine Passionsmotette »Adoramus te«, welche die gesammelte Aufmerksamkeit der Sänger verdiente.

Und wieder eine andere Ausrichtung eines Heranwachsenden konnte sich in regelmäßigen Gesprächsrunden der Älteren entfalten. Mich zogen auch im engeren Sinne theologische Themen an, etwa Fragen nach Auferstehung, ewigem Leben, menschlicher Schuld. Der Kaplan vertrat eher traditionelle dogmatische Auffassungen, aber in zurückhaltendem Ton und wertschätzend auch für abweichende Sichtweisen. Mich forderte das heraus, selbst weiter zu denken, meine Gedanken zu formulieren und den Antworten aus der Runde auszusetzen. Einige Male schenkte er mir Bücher, die – wie ich fand – eher meinen Auffassungen entgegenkamen als seinen eigenen. Im Nachhinein zeigt mir das, wie feinfühlig und entgegenkommend er sich auf die ihm anvertrauten »Obermessdiener« einließ.

Über das Böse und kirchliches Versagen

Es geht hier weder um eine persönliche Konfession noch um einen theologischen Essay und auch nicht um eine Streitschrift gegen die katholische Kirche. Ich möchte aber andeuten, woher ich kam und in welche Richtung ich zu denken begann und recht undramatisch meinen anerzogenen Kinderglauben nach und nach »modifizierte«.

Spätestens seit der Mittelstufe sog ich hungrig auf, was ich in der Schule von Sokrates hörte und selbst las. Der Impuls, sich selbst existenziell und rational »Rechenschaft zu geben«, sprach mir aus der Seele. Ich sah darin keinen unüberbrückbaren Gegensatz zu altehrwürdigen Wahrheits- und Wertbehauptungen, aber jedenfalls ein angebrachtes Korrektiv. Auf der Ebene des theoretischen Denkens konnte es dogmatische Barrikaden überwinden, die beispielsweise das Verhältnis von erkennendem Menschen und Erkenntnisgegenstand nur oberflächlich in den Blick nehmen ließen. Hatte man für die Erklärung der Natur oder der Vergangenheit wirklich unumstößliche Grundlagen? Konnte man Gott und die Welt in einfachen Aussagesätzen erklären – »so ist es, alles andere ist falsch«? Erst recht schien mir zunehmend auf dem Feld des richtigen Handelns ein eindeutiges »so oder so« ganz untauglich, sowohl was die Regeln betraf als auch die Beurteilung eines bestimmten individuellen Verhaltens. Es gab für mich immer weniger ein Kit-Pack, aus dem ich nach Bedarf fertige Antworten auf meine Fragen herausholen konnte. Wer so tat, als sei dies möglich, war sicher nicht klüger als derjenige, der genauer nachfragte, um so der Wahrheit wenigstens ein Stückchen näher zu kommen, wenn sie schon nicht mit Händen zu packen und festzuhalten war. Kirchliche Lehren machten auf mich oft den Eindruck, als versuchten sie nicht nur genau dies, sondern als forderten sie zwingend von den Christen, ihnen darin zu folgen.

Natürlich hatten Handlungsnormen ihren guten Sinn und Menschen befolgten sie oder verstießen dagegen. Aber war das als bewusste und willentliche Wahl des Guten oder Bösen zu verstehen? Entschieden sich Verbrecher in freier und umfassend klarer Beurteilung aller Motive und Folgen ihres Handelns für das Böse statt für das Gute? Gab es in diesem scharfen Sinne individuelle Schuld? Musste es dafür göttliche Vergebung oder Bestrafung geben? Gab es die Hölle oder auch nur ein Fegefeuer? Diese Annahmen wurden mir zunehmend fremd; und damit auch ein prominenter Geschäftsbereich des historischen Christentums (und von Religion überhaupt): die Sünde als Debit des Menschen bei Gott und die katholische Kirche als sein Zeichnungsberechtigter.

Indes, dass Menschen im Tiefsten immer nur das Gute, Leben Fördernde wollen können und dass auch nur diese Überzeugung bereits heilsam sei, diese zuckrige Annahme stellt sich mir heute deutlicher als damals dar als charakteristisch für eine einigermaßen privilegierte, saturierte Lebenssituation. Ich hatte zu dieser Zeit keinerlei eigene desaströse Erfahrung, aber viele große und schöne innere Bilder. Ich war ein jugendlicher Idealist und konnte leidenschaftlich mit Raskolnikow sympathisieren, den aus seiner Welt gefallenen jungen Mörder in Dostojewskis Roman. Was sich aber im Lauf meines Lebens geändert hat, war nicht, dass ich nunmehr einen Beichtspiegel, Gesetze oder moralische Normen auch nur im Ansatz für angemessen hielte, einen Menschen zu beurteilen und sein Handeln zu bewerten. Sondern fast widerwillig sehe ich es als Spätgeburt meines Vorstellungsvermögens an, »Schlechtigkeit« sei in einem mir selbst unverständlichen Sinne ein fester Teil, eine nicht tilgbare, nicht kompensierbare Seite der Welt. Das macht sich nicht wirklich fest an früher gelernten Motiven wie »Sünde«, »Strafe«, »Hölle«, »Teufel«, nicht einmal »Vergebung«, die sich auf den einzelnen Täter beziehen. Vielleicht kann ich sie schon längst deshalb nicht mehr zu Grunde legen, weil sie mich zu sehr an eine gleichsam geldwerte Kontoführung von gutem und bösem Tun erinnern. In diese bin ich als Kind hineingewachsen, nicht nur als Mitglied einer christlichen, sondern auch einer typisch bürgerlichen Familie.

Jene Kategorien nicht wirklich treffend zu finden heißt für meine Begriffe aber nun nicht, das Entsetzliche, das von Menschen ausgeht, als letztlich zu vernachlässigendes Randphänomen zu betrachten oder als bedauerlichen Zustand, dem durch genügende therapeutische Angebote Abhilfe geschaffen werden könnte. Und es heißt genau so wenig, einem ominösen »Bösen in der Welt« einen bestimmten eigenen Platz in seinem Denken zu geben, etwa im Sinne eines Dualismus guter und böser Mächte. Ich kann mich nur in recht hilflose Worte retten; nicht einmal in meine eigenen. Wie sollte es auch anders sein in Glaubensfragen? – Meine Ausflucht besteht darin, an einen »Gott« zu denken, dessen Wesen unaussprechlich ist; der menschliche Kategorisierungen unendlich übersteigt; der nicht nur – nach unseren üblichen menschlichen

Maßstäben – gut ist wie ein braver Junge oder eine gute Mutter, sondern der von einer Größe ist, die Alles ist und in der alles nichts ist außer Gott … – schön gesagt, kaschiert nur nicht so etwas wie Peinlichkeit, dass man in diesem Zusammenhang, in diesem Alles-Gott auch »das Böse« denken soll.

Aber man kann es auch nicht wegdenken; ebenso wenig übrigens, wie sich durch die Vorliebe für nette, lastenfreie, easy-going-Vorstellungen einer Wohlstandsgesellschaft die Orgien von Vernichtung in Kosmos und Natur kaschieren lassen.

Wie konnten und können Menschen je anders leben, als mit »Bösem« konfrontiert zu sein? Es scheint ja wurzeltief unausrottbar zu sein, gleich ob man Entrechtungs- und Vernichtungssysteme wie den Nationalsozialismus, strukturelle Menschenrechtsverletzung in der katholischen Kirche oder den Entzug der Lebensgrundlagen für einen Großteil der Weltbevölkerung in den Blick nimmt, der sich aus der Wirtschafts-, Denk- und Lebensweise der »entwickelten« Länder ergibt. Unausrottbar scheint dabei auch das Netz der gezielten Täuschung und Selbsttäuschung: In Deutschland »wusste man damals nichts« von Hitlers Vernichtungsplan, auch wenn in der Nachbarwohnung die Einrichtung von Uniformierten demoliert wurde und die Bewohner auf Nimmerwiedersehen verschwanden. Wir rühmen unser zunehmendes Engagement in der Entwicklungshilfe, auch wenn wir die Ressourcen der »Dritten Welt« ausbeuten und ihr unsere Produktion aufdrängen. Die »Gläubigen« schauen um ihrer Seelenruhe willen lieber weg von einer eigenrechtlich-widerrechtlichen Verfassung eines Klerus, welcher Kriminalität und Entwürdigung in verschiedenster Ausprägung deckt und sich selbst gegen den Anspruch immunisiert, Rechenschaft geben zu müssen. Sucht man den Kern all dessen, so scheint es mit einer tiefen Verwirrung, mit einer abgründigen Verkehrung zu tun zu haben.

Meine Vorstellung einer besonderen »Verkehrung« – das empfand ich im Lauf der Jahre immer deutlicher – bezieht sich insbesondere auch auf den alles durchwuchernden Dogmatismus der Kirche und auf Kehrseiten ihrer einzigartigen Morallehre. Gingen die Gespräche des Sokrates aus von plausibel scheinenden Wahrheiten, um im Weiteren deren Relativität zu erweisen, deklariert die katholische Kirche bestimmte Auffassungen, die irgendwann in irgendeinem Zusammenhang als sinnvoll und hilfreich formuliert wurden, als unumstößliche Glaubenswahrheiten, schwört jedes Mitglied darauf ein und sanktioniert in ihrem Bereich Abweichungen mit materieller und psychischer Gewalt.

Obwohl ich mich als junger Student selbstverständlich verankert fühlte im christlichen Glauben, in meinem Umfeld vielfältige gute Erfahrungen mit Menschen gemacht hatte, die der Kirche angehörten, und obwohl ich an theologischen Fragen ausgesprochen interessiert war, wählte ich nach meinem vierten Semester Theologie als Studienfach ab. Vom ersten Semester an hatte ich auch Germanistik und Philosophie als Studienfächer belegt. Die Perspektive, was ich damit anfangen konnte und wollte, wurde langsam etwas schärfer. Das Staatsexamen in diesen Fächern würde zum Lehrerberuf führen, was ich nicht als für mich einzig mögliche, aber gute Option ansah. Ich wollte allerdings nicht gezwungen sein, im Religionsunterricht vor meinen

Schülern etwas zu vertreten, was mich selbst nicht überzeugte. Damals schon und dann immer mehr fand ich es auch unerträglich, Jugendlichen das Christentum näher bringen zu sollen, indem ich sie um Nachsicht für völlig verkalkte Lehren und Amtsträger hätte ersuchen müssen. Meine rheinisch-katholischen Gene waren offenbar nicht dominant genug, Halbwüchsigen augenzwinkernd erklären zu wollen, dass nach kirchlicher Morallehre Geschlechtsverkehr vor der Ehe oder gleichgeschlechtlicher Kontakt sündhaft seien. Die alte regionale Frömmigkeitsvariante, nicht auf die Predigt zu hören und ein gläubiger Christ zu bleiben, war wahrscheinlich eine sehr weise und menschliche Möglichkeit, einen Konflikt zwischen dem eigenen konkreten Leben und konstruierten Normen zu entspannen. Sie ist aber im Lauf von Jahrzehnten obsolet geworden. Kaum jemand interessiert sich noch für die kirchliche Sittenlehre.

Der Verlust ist höher, wenn im gleichen Aufwasch auch die Botschaft Jesu insgesamt weggespült wird.

Das Milieu, in dem ich aufwuchs und erwachsen wurde, begünstigte nicht gerade eine kritische Aufmerksamkeit dafür, in welchem Maße katholische Amtsträger und Institutionen nicht nur allgemeine Menschen- und Bürgerrechte unterliefen und notorisch gegen ihre eigenen Werte verstießen, sondern solche Verstöße und Verbrechen systematisch deckten und die Täter in Schutz nahmen. Lange Jahre meines Lebens, auch als Lehrer und Familienvater, war mir klar, dass auch ich die Kirche in vielen wichtigen Bereichen keineswegs als vorbildlich und maßstabsetzend ansehen konnte, zum Beispiel was die hierarchische Struktur, die Gleichberechtigung der Geschlechter, das Arbeitsrecht, das Finanzgebaren angeht. Ich neigte aber dazu, einerseits diese Schwachstellen im gesamtgesellschaftlichen Vergleich zu relativieren und sie andererseits aufzuwiegen gegen ganz unübersehbare, gewaltige Verdienste der Kirchen. Und »in alter Verbundenheit« wollte ich mich nicht an dem billigen Hype medialer Kirchenverrisse beteiligen.

Es schien mir hämisch und unfair, über individuelle und institutionelle Fehler herzuziehen, die man – ohne ideologische Brille – doch sehr vergleichbar allenthalben antreffen konnte: Demokratie- und Transparenzdefizite, ungerechtfertigte Hierarchien, Unterprivilegierung von Frauen, sexuelle Übergriffe, Klientelpolitik, Wirtschaftsverbrechen und endlos so weiter. Aber ich muss mir eingestehen, dass es dann gerade die öffentliche Erregungswelle war, die mich meine Augen weiter hat öffnen lassen für absolut unhaltbare Zustände in »meiner« Kirche – für mich am abstoßendsten nicht Fehlverhalten an sich, sondern der Schutz der Täter in einer selbstzweckhaften »heiligen Burg«, deren Ritter sich davon dispensierten, Menschenrechte und andere Menschen zu respektieren.

Menschen in einer christlich geprägten Welt entwikkeln sich natürlicherweise in ganz verschiedene Richtungen. Einige bleiben im Grunde kirchentreu, wenn auch in neuzeitlichem Gewande. Vielleicht nehmen sie noch am Leben ihrer Pfarrgemeinde teil und finden Kirchentage wertvoll. Andere können oder wollen mit der Kirche wenig oder nichts mehr zu tun haben und bedienen sich nach Bedarf aus den zahllosen Optimierungsangeboten verschiedenster Art. Offenbar ist das in Deutschland mittlerweile die Mehrheit. Diese Einteilung ist sehr grob und künstlich, setzt aber immerhin so deutliche Akzente, dass ich mich (und wahrscheinlich noch viele andere) ebenso deutlich von beiden Gruppen absetzen kann. Mein Erwachsenenleben war und ist weiterhin verbandelt mit der christlichen Welt, was sich zum Beispiel in meiner Familie, im Beruf und in Nebentätigkeiten niederschlug. Aber diese Wasseradern führten meinem inneren Leben immer weniger frisches Wasser zu. Mir fallen nicht mehr viele Umstände und Ereignisse bei, die zuletzt diesem Verebben entgegengewirkt hätten. Insofern verliert sich in diesen Aufzeichnungen auch der anfangs vorherrschende Erzählstil. An dessen Stelle treten mehr Kritik und Reflexion. Sie halten mich in der fragwürdigen Zwischenstellung zwischen Abfall vom Glauben und religiöser Restauration.

Sie ploppen in mir von selbst auf, wenn sich mein Denken zum Beispiel am Problem des »Bösen«, des Grund-Lebensfeindlichen aufspießt; wenn ich dafür nur Worte wie »tiefe Verwirrung« oder »abgründige Verkehrung« finde. Dem Verstand wird dies nicht fasslicher, wenn mir dazu vergleichsweise die alte Fototechnik einfällt, bei der es die gewünschten Bilder nur einschließlich der Negative gab.

Das Bild der Frau

Auch im Hinblick auf die Stellung der Frau in der katholischen Kirche brauchte ich im Lauf der Zeit Nachhilfe durch die öffentliche Diskussion. Aus meinem sehr beschränkten Blickwinkel sah ich nicht, dass Frauen in meinem Glauben unterrepräsentiert waren. Er war ja von Kindheit auf entscheidend von meiner Mutter beeinflusst. Die oben erwähnte Küsterin meiner ersten Messdienerzeit in der Krankenhauskapelle, Schwester Kunigunde, war für mich viel wichtiger als der Pastor oder ein anderer Priester. Noch vor meinem ersten Schuljahr wurde mir in demselben Krankenhaus ein Leistenbruch operiert. Dafür musste man damals eine Woche auf Station bleiben. Ich litt nicht besonders, nur eine hartnäckige Verstopfung setzte mir zu. Zum Ausgleich war ich verliebt in die für mich zuständigen Krankenschwestern. Dass sie sehr nett zu mir waren, lag wohl in ihrer Art und Berufsauffassung, und ich strahlte sie immer an. Doch weiß ich nicht, ob mir das auch bei der Einen gelang: einer noch recht jungen, großen, schlanken Ordensschwester in ihrem vollen Ornat, mit wohltuender Stimme und grundlieben Augen. Sie riss mich hin, wenn sie an meinem Bett ein paar Worte mit mir wechselte, ich war regelrecht von ihr getroffen.

In noch vorpubertärem Alter hatte ich eigentlich keinen Sinn für Heiligenverehrung. Doch an der bereits erwähnten mehrtägigen Marienwallfahrt nahm ich mit Ernsthaftigkeit bis hin zur Inbrunst teil.

Viele Jahre später hatte ich das unsagbar schlimmste Erlebnis meines Lebens: unsere erste Tochter starb am vierten Tag nach ihrer Geburt. Ich erinnere mich nicht mehr, wie dieser Tag im Einzelnen verlief: Fahrt zum Kinderkrankenhaus, Besuch meiner geliebten jungen Frau in einem anderen Krankenhaus, Anrufe bei einigen Familienangehörigen, am Abend nochmals ein Besuch im Kinderkrankenhaus mit einer befreundeten Kinderärztin. Als sie mich abends nach Hause gebracht hatte, war ich völlig aufgelöst. Natürlich konnte ich nicht schlafen. Um nicht irre zu werden, fing ich irgendwann an, »Gegrüßet seist du, Maria« aufzusagen, anfangs mit Stimme, um nicht in ein Inferno abgesogen zu werden, später nur mit stummer Lippenbewegung, ein »Gegrüßet seist du, Maria« nach dem anderen, einen Rosenkranz nach dem anderen, über Stunden. Ich verband damit keinen Sinn, kein religiöses Anliegen. Ich klammerte mich an das Aufsagen der Worte. Jesus oder Gott Vater anzurufen – »aus tiefster Not ruf ich zu dir« –, davon war gar nichts in mir.

Seit sehr langer Zeit bete ich nicht mehr im eigentlichen Sinn, allenfalls in weder widerwilliger noch andächtiger Einstellung bei gelegentlichen Gottesdienstbesuchen. Für Andere, vor allem für meine Kinder, gerate ich manchmal auch in die Haltung eines Bitt-Betenden. In eigener Sache geschieht mir das seltsamerweise überhaupt nicht mehr (als Schüler konnte ich für eine gute Note bei einer Klassenarbeit beten). Dagegen erfüllt mich öfters ein Strom des Dankes und des »Lobes«, etwas unscharf an Gott adressiert: für eine schöne Landschaft, für das Sonnenlicht, für eine gut verbrachte Zeit.

Über Gott, Vater, Sohn und Heiligen Geist, denke ich immer mal wieder nach, rätsele darüber und bin empfänglich für Anstöße dazu. Für Maria, die »Mutter

Gottes«, gilt das nicht. Sie hatte und hat noch gleichsam eine behutsam stillende Präsenz für mich. Ich beneide weder jüngere Generationen noch aufgeklärte Kritiker, die damit nichts anzufangen wissen, noch auch die christlichen Konfessionen und vorwiegend nördlichen Landstriche, die wichtig finden, heidnischen Heiligenputz vom Christentum abzuschlagen. Natürlich ist das eine Gewohnheits- und Erziehungssache. Mir scheint aber in der Marienverehrung ein besonders guter religiöser Zugang zu liegen, sofern Göttliches nur irgendwie mit dem Menschsein in Verbindung gebracht werden soll. Mir ist zum Beispiel eine »naive« Marienfrömmigkeit in südlichen Ländern sympathisch und ich lasse mich gerne von Malern und Komponisten »stimmen«, deren Kunst in Mariendarstellungen in meinen Augen und Ohren zu wunderbarster Schönheit gelangt – mag sich diese je nach dem jeweiligen Thema, der Kunstepoche und der Künstlerpersönlichkeit ausdrücken in einer Verkündigungsszene, in der sich der göttliche Bote vor der »Magd« Maria verneigt; in der sinnenfälligen Körperlichkeit einer jungen Frau, die schwanger ist oder gerade entbunden hat; oder in der aufgelösten Gestalt einer Mutter, der man ihren toten Sohn auf den Schoß gelegt hat. Eine solche Wahrnehmung ist nicht in abstrakten Worten vermittelbar und kann in keinen Menschen durch orthodoxe Belehrungen eingepflanzt werden. Dass allerdings Maria das Muster für ein katholisches Rollenklischee der Frau sei – schwach, passiv, blutarm, fremdbestimmt, Gebärmaschine, unterprivilegiert –, dürfte eine eher ungenaue Diagnose sein, sollte sie sich auf die Bibel stützen.

Was soll denn erst Josef sagen? Und hatte je ein Papst (männlich!) so viel mit Gott zu tun wie Maria?

Und was den (katholischen) Betrachter religiöser Bildwerke angeht: werden ihm bei einem biblischen Motiv aus dem Leben Jesu wirklich die seitlich oder am unteren Bildrand aufgereihten Bischöfe und Mönche mehr zu Herzen gehen als Maria mit ihrem neugeborenen Kind oder Maria unter dem Kreuz ihres Sohnes?

Die innige Marienverehrung etwa in der katholischen Kirche, wenn auch zu nennenswerten Teilen überhitzt oder einfach kitschig, und die darin zum Ausdruck kommende besondere Wertschätzung auch des Geschlechtswesens Frau konnte aber offenbar nicht verhindern, dass andererseits ein extrem rückständiges Frauenbild konserviert wurde. Lehre, Recht, Pastoral der Kirche haben nicht annähernd an einer gesellschaftlichen Entwicklung teilgenommen, die sich zu distanzieren sucht von einem Bild der konstitutionellen und geistigen Mangelhaftigkeit, der – besonders auch sexuell konnotierten – Sündhaftigkeit, der gesellschaftlichen Dienstfunktion der Frau und der naturgegebenen und gottgewollten Überlegenheit des Mannes.

Merke: Außer den bekannten Wirkungen der männlichen Chromosomen können im Raum der Kirche nur diese und keine anderen eine exklusive Christusförmigkeit generieren – mit beachtlicher Potenz, zum Beispiel Wein in Christi Blut zu verwandeln.

Die ersten Jahrzehnte meines Lebens hatte ich die tiefe Verwurzelung und die Folgeerscheinungen der Depravierung der Frau kaum vor Augen. In meinem persönlichen Umfeld erkannte ich keine eklatanten Fälle. Die Gesamtgesellschaft hatte ja zumindest öffentlich noch wenig realisiert, dass es da eine riesige Baustelle gab – um es niedlich zu formulieren. Zu

Zeiten einer Hochkonjunktur der Kirchenschelte erübrigt sich hier eine weitere Auflistung skandalöser Ärgernisse.

Für Menschen

Andererseits liste ich in dieser persönlichen Glaubensinventur auch nicht breit die einzigartigen Verdienste christlicher Kirchen auf. Sie haben nicht nur in der Vergangenheit unschätzbare gesellschaftliche, kulturelle, zwischenmenschliche Leistungen erbracht. Auch heute wäre in meinem Kulturkreis die gesellschaftliche Realität lebenswichtiger Organe beraubt, wenn unvermittelt das Wirken christlich inspirierter Menschen und einschlägiger kirchlicher Institutionen ausfiele. Ein umfassender gleichwertiger Ersatz scheint mir nicht so leicht absehbar.

Zu meinen eigenen positiven Erfahrungen gehört zum Beispiel der Umgang mit Patienten in evangelischen und katholischen Krankenhäusern. Sei es selbst als Patient, sei es als Familienangehöriger oder Freund eines Patienten stieß ich ganz vorwiegend auf besonders gute medizinische Versorgung und auf freundliche und engagierte Mitarbeiter auf allen Ebenen. Das ist kein Alleinstellungsmerkmal, aber sicher auch kein schlechtes Zeichen. Meinen persönlichen Neigungen entsprechend bin ich den Kirchen besonders dankbar für ihre Förderung und Pflege von Kunst und Musik. Es gibt wohl keine gesellschaftliche Institution in der abendländischen Geschichte, die so kontinuierlich so viel investiert hat in Architektur, bildende Kunst, Musik, Erziehungs- und Bildungseinrichtungen jeder Art und vieles andere mehr. Es muss keine Abwertung bedeuten, dass dies ein »Geschäft« auf Gegenseitigkeit ist. Kirchen »beliefern« nicht nur die Gesellschaft mit Kultur, sondern sie vermitteln damit auch ihre eigenen Inhalte. Einerseits kann das – etwa durch Zensur – den

Wert ihrer Angebote mindern. Andererseits sprechen sie in säkularisierten Zeiten durch diese Angebote viel mehr Menschen an als durch kirchliches Leben im engeren Sinn. Recht viele Menschen finden heute den einzigen Zugang zu genuin christlichen Inhalten auf den Feldern von Bildung und Kunst. In Großstädten sind Konzertsäle und Kirchen gut besucht, wenn Bachs Johannespassion aufgeführt wird, während in der Karfreitagsliturgie viele Bänke leer bleiben.

Nach meiner Referendarzeit hatte ich keine Chance an einem öffentlichen Gymnasium in meiner näheren Umgebung angestellt zu werden – die Konjunktur für meine Unterrichtsfächer war gerade schlecht. Da ich nebenbei gerade eine kleine Organistenstelle hatte und ein Mitglied des Kirchenvorstandes Lehrer an einer nahe gelegenen Schule war, konnte er mir dort eine Stelle vermitteln. Ich war froh, nicht aus meinen Kölner Kreisen herausgerissen und irgendwo an die holländische Grenze oder ins hinterste Westfalen versetzt zu werden. Aber mir war doch etwas mulmig zu Mute. Denn es handelte sich um eine ehemalige Ordensschule, die primär gegründet worden war, um Nachwuchs für den Orden und seine Arbeit in den Missionen zu rekrutieren. Zu meiner eigenen Schulzeit hatte sie denn Ruf, dass dort auch Schüler leicht das Abitur erreichten, die bei uns weniger Erfolg hatten. Als ich nun vor einem hohen alten Gebäude mit dunklen Ziegelmauern stand und auf mein Vorstellungsgespräch mit dem Direktor wartete, war mir klar, dass dort meines Bleibens nicht lange sein würde. Damit lag ich falsch. Ich blieb dort bis zu meiner Pensionierung. Der Schulleiter war ein Mann mit deutlichen »Eigenheiten« – klar und bestimmt, zum Teil skurril, ebenso selbstverständlich autoritär wie offen und großherzig. Vor allem aber übte sein vorbehaltloses Wohlwollen und seine persönliche Fürsorge für jeden, Schüler wie Kollegen und andere Angestellte, geradezu einen Sog aus. Jeden Morgen stand er am Tor und begrüßte die Schüler, damals waren es nur Jungen, mit ihrem Namen. Manchmal fragte er sie auch nach privaten Angelegenheiten, zum Beispiel, ob ein Schüler sein Erdkundebuch wiedergefunden habe oder ob seine Mutter noch im Krankenhaus liege. Im Einstellungsgespräch formulierte er – wahrscheinlich ohne groß darüber nachzudenken – im Zeitraum von fünf Minuten den Widerspruch, den ich gerne als Devise für meine Lehrertätigkeit internalisiert habe: »Fordern Sie etwas! Nehmen Sie die Jungen ran!« (ich sollte eine schwierige Neuner-Klasse als Klassenlehrer bekommen) und: »Keine Stunde, in der die Schüler nicht lachen konnten! … dem Jungen muss die Sonne wieder scheinen!« Mir schien das sogleich pädagogisch fruchtbarer als alles, wovon in meinem Pädagogikstudium und in meiner Referendarzeit je die Rede war. Alle Theorien, Ideale, Konzepte, Inhalte, Methoden, Investitionen taugen wenig ohne Herz. Immerhin sagen mir Erfahrungen sowohl an meiner eigenen Schule als auch von Schulen meiner Kinder, von Bekannten und in der Öffentlichkeit, dass sie nicht so schlecht abschneiden. Dazu tragen strukturelle Faktoren bei wie die Möglichkeit, Schüler und Lehrer gezielter auszuwählen, und zwar von der Förderschule bis zum »Elite-Gymnasium«, sowie die Unmöglichkeit, möglichst viel Verantwortung ständig auf andere Instanzen abzuwälzen. Was ich an meiner Schule als besonders befriedigend und motivierend empfunden habe, war der letztlich immer solidarische, wohlwollende, heitere Umgang im Kollegium und mit Schülern wie auch in der gesamten Schulgemeinschaft. Zumindest nicht unmöglich, dass zu diesem Spirit eine solidarische, wohlwollende, heitere christliche Inspiration beigetragen hat.

In der Bundesrepublik wird der materielle Bedarf sehr vieler pädagogischer, medizinischer, karitativer, sozialer, kultureller Einrichtungen in kirchlicher Trägerschaft zu großen Anteilen vom Staat refinanziert. Dies im Zeichen aufgeklärter Liberalität zu kritisieren scheint mir wohlfeil, solange man nicht im gleichen Umfang gleichwertigen Ersatz schaffen kann. Möglicherweise haben solche Kirchenkritiker mehr ein Auge auf ihre Ressentiments und auf abstrakte Konzepte als auf die unmittelbare Hilfsbedürftigkeit konkreter Menschen. Für diese bewährt sich reale, direkte, praktische Hilfe oft besser, als ideologische oder mehrheitsbestimmte politische Programmatik und deren schwerfällige Umsetzung.

Ohne die katholische Kirche vor allem auch in Südeuropa wäre die Lage vieler Flüchtlinge dort noch viel hoffnungsloser. Zahllose Einzelmenschen und Kleininitiativen versuchen zu helfen, sei es aus religiösem, sei es aus einem anderem Gerechtigkeitsimpuls.

Die christlichen Kirchen dürften global zu den entschiedensten Anwälten und Organisatoren menschenwürdiger Lebensmöglichkeit gehören, gerade auch gegenüber der anscheinend allmächtigen Wohlstands- und Wachstumsideologie.

Macht/Besitz

Meine Kenntnisse und Erfahrungen, was den Besitz und das Finanzgebaren der christlichen Kirchen angeht, sind völlig unzureichend, um mir ein umfassend realistisches Bild vom hilfreichen oder schädlichen Umgang damit zu machen. Dass nach meinem Eindruck damit viel Gutes bewirkt wird, sollte zumindest mittelbar aus vielen meiner Ausführungen hervorgehen. Mindestens ebenso stark ist aber – wenig originellerweise – mein Verdacht, dass die Besitzverhältnisse besonders der katholischen Kirche eines ihrer Grundübel sind.

Selbst wenn es überhaupt vernünftig möglich wäre: Ich möchte nicht darüber urteilen, ob das Christentum besser eine spätjüdische Sekte geblieben wäre statt zur Staatsreligion in einem Römischen Reich deutscher Nation aufzusteigen, statt geistliche und weltliche Ämter zu vereinigen, statt die Erde mit seiner Lehre zu kolonisieren, statt mit weltlichen Herrschern aus Eigennutz gemeinsames Spiel zu machen.

Wenn man für seine eigene Hinführung zum christlichen Glauben in vieler Hinsicht dankbar und für dessen kaum vergleichlichen Wert offen ist, wird man ihn nicht für sich behalten wollen. Die unbegrenzte Hochschätzung jedes einzelnen Menschen, die Zuversicht seiner Erfüllung aus einer Kraft, die man »göttliche Liebe« genannt hat, ist offenbar etwas, das weiter ausstrahlen will, das nach Jesu Tod auch andere Menschen als heilsam erfahren haben, über den Mittelmeerraum und die Spätantike hinaus, »bis an die Grenzen der Erde«. Seit der Zeit der Apostel erforderte dies geistige und praktische Organisation, gemeinschaftliche Verständigungen und Regelungen: die Kirche.

Heute jedoch und schon längst empfinde ich es als unerträglich, dass die Botschaft Jesu letztinstanzlich nur in den Händen einer unanfechtbaren Hierarchie liegen soll, welche zugleich die ausschließliche Verfügungsgewalt über alle materiellen und ideologischen Ressourcen der katholischen Kirche, das heißt (mindestens) der getauften Christen, behauptet.

Monokausale Erklärungen sind wahrscheinlich nicht die intelligentesten, etwa: Besitz, daher Macht, daher notorische Übergriffe auf allen Ebenen. Mich reizt aber das Gedankenspiel: Nicht, wie wäre es, wenn Jesu Lehre nur noch von ganz mittellosen Menschen weitergegeben würde; auch nicht, wie es wäre, wenn die Kirche von heute auf morgen konsequent demokratisch verfasst wäre, ehrlicher als unsere staatlichen Demokratien. Sondern: Wie wäre es, wenn eine ansehnliche Mehrheit der Christen sich verständigen würde, hierarchische Machtansprüche einfach nicht mehr zu beachten, das heißt sie nicht mehr durchzusetzen und sich ihnen nicht mehr zu unterwerfen. Wenn keine wesentliche kirchliche Entscheidung mehr gegen übergeordnete staatliche Gesetze und Vorschriften, insbesondere auch gegen das Prinzip transparenter Beratung und Abstimmung getroffen würde. Wenn zum Beispiel kirchliches Arbeitsrecht nichtig wäre, sofern es gegen rechtsstaatliche Gesetze verstieße. Wenn Verantwortung geteilt und kontrolliert würde. Wenn die unterschwellige Doktrin der menschlichen Rangabstufung ersatzlos entsorgt würde (hohes – niederes geistliches Amt – Laie; katholisch getaufter Christ – exkommunizierter Christ

– Nichtchrist; Mann – Frau usw.) Wenn sich niemand mehr von Entwicklungen in diese Richtung abhalten ließe.

Natürlich gibt es längst Ansätze dazu in unserem Kulturkreis, manchmal gleichsam undercover. Aus meinem Gesichtsfeld beispielsweise: Katholische Arbeitgeber belassen Wiederverheiratete in ihren Stellungen, evangelische Christen gehen unbeanstandet und teils schon selbstverständlich auch zur »katholischen« Kommunion, Priester räumen eigentlich nur ihnen vorbehaltene liturgische Funktionen auch Laien ein, die gelebte Sexualmoral des »Kirchenvolks« nimmt amtskirchliche Verlautbarungen gar nicht mehr zur Kenntnis. Wie verhält es sich aber gegenüber solchen oft inoffiziellen, immerhin realen Fortschrittchen, dass Gottesdienste immer weniger besucht werden, immer mehr Christen aus der Kirche austreten und immer mehr Pfarreien sterben?

Für Einzelne liegt in diesen Entwicklungen wohl meist eine Befreiung – wohl kaum für das (Weiter-)Leben der Kirche. Mir ist nicht wohl dabei. Ich sehe darin Züge eines – im Einzelfall möglicherweise mutigen – Versteckspiels, das die fortbestehenden übermächtigen fossilen Strukturen nicht antastet. Wahrscheinlich ist auch meine Ungeduld stärker als die Tranquilizer ewig neuer »Gesprächs«-Formate von ewig gleicher Wirkungslosigkeit. Ich erwarte von der Inneneinrichtung und der olfaktorischen Prägung katholischer Tagungshäuser absolut nichts mehr.

Ob Erwartung oder Illusion: meines Erachtens müsste die Kirche grundsätzlich ihre Vermögensverhältnisse ändern und damit ihren Machtabsolutismus abbauen. Ich weiß nicht, ob der Besitzstatus der Kirche ihren Wahrheitsanspruch hervorgerufen hat oder ob dieser zu Methoden der Besitzanhäufung ermutigt hat. Martin Luther hat sich an dieser Frage abgearbeitet, wenn er der katholischen Kirche die Vermischung von Seelenheil und Geldsegen vorwarf.

Nathans »Märchen«

Gotthold Ephraim Lessing berührt sie in seiner »Ringparabel« gleichsam unabsichtlich. Diese steht in seinem Drama »Nathan der Weise« im Kreuzungspunkt verschiedener Konfliktlinien. Es spielt im »Heiligen Land« zu einer fiktiven mittelalterlichen Zeit. Juden, Christen und Araber konkurrieren auf allen Ebenen um die Vorherrschaft, wirtschaftlich, machtpolitisch, religiös. Der jüdische Kaufmann Nathan ist von einer überaus einträglichen Geschäftsreise nach Jerusalem zurückgekommen und sucht den muslimischen Herrscher Saladin auf. Dieser steckt auch aufgrund militärischer Ausgaben in finanziellen Schwierigkeiten. Anders als erwartet stellt er Nathan eine scheinbar nicht konfliktfrei lösbare Frage, so dass dieser vermutet, Saladin wolle ihn bloß unter Druck setzen, ihm mit seinem Vermögen auszuhelfen. Im Hotspot der drei Religionen fragt er nämlich Nathan, welche Religion die richtige sei, Judentum, Christentum oder Islam: »Von diesen drei Religionen kann doch eine nur die wahre sein.« Wie immer Nathan die Frage beantwortet, er kann sich nur selbst den Boden unter den Füßen wegziehen. Das ist wohl Saladins Taktik. Großzügigerweise gibt er Nathan eine kurze Überlegungszeit.

Und dieser überlegt tatsächlich: »Ich bin auf Geld gefasst; und er will Wahrheit!« – soweit eher eine Situationsbeschreibung als ein weiterführender Gedankengang. Ein solcher ist hingegen in dem sprachlichen Bild angelegt, das er benutzt: »… er will – Wahrheit. Wahrheit! Und will sie so, – so bar, blank, – als ob die Wahrheit Münze wäre! […] Wie Geld in Sack, so striche man in Kopf auch Wahrheit ein?«

Geld kann man haben, man kann darauf zugreifen, man kann es einstecken. Wahrheit kann man nicht haben, ein Zugriff ist nicht möglich, es gibt dafür keinen Tresor. Ein Umgang mit Wahrheit, als sei sie etwas wie Geld, das man haben kann, das man haben muss, das man unter Strafe zu haben gezwungen werden kann, macht sie zur Unwahrheit, also auch einen für einzig wahr gehaltenen Glauben zu einem falschen Glauben.

Übrigens war der moslemische Sultan reflexiv noch nicht so weit, als er dem jüdischen Kaufmann die Frage nach der einzig richtigen Religion stellte, die ja wohl nur »durch Einsicht, Gründe, Wahl des Bessern« entschieden werden könne. Immerhin hatte er Nathan schon zuvor, entgegen dessen Verdacht taktischer Knebelung, den Weg zu einer wahrheitsaffineren Kommunikationsebene eröffnet: nein, es gehe ihm nicht um Finanzmittel oder militärisch nutzbare Informationen, die Nathan von seiner Geschäftsreise mitbringe. Fast scheint dem Herrscher seine unübliche Eskapade aus allem Nutz- und Einflussdenken selbst peinlich: »Kann wohl sein, dass ich der erste Sultan bin, der eine solche Grille hat.«

Und der erfahrene Geschäftsmann Nathan hat ein gutes Näschen dafür, welchen Gesprächston man bei schwierigen Verhandlungen anschlagen muss. Die Frage nach dem wahren Glauben verlangt eine andere Sprache als das Bankwesen. Vielleicht hilft hier Bildrede. »Das kann mich retten! Nicht die Kinder bloß speist man mit Märchen ab.« Und Nathan erzählt dem Sultan das Gleichnis, das Lessing von Boccaccio hatte und das es zuvor schon in den Gesta Romanorum und davor unter den Juden gab – nun allerdings um einige wichtige Motive erweitert.

Ein Vater hat drei Söhne, die er alle gleich liebt. Und er besitzt einen wertvollen Ring, »der hatte die geheime Kraft, vor Gott und Menschen angenehm zu machen, wer in dieser Zuversicht ihn trug.« Eigentlich müsste er wie seine Vorväter dem Sohn den Ring vererben, den er am meisten liebt; der würde dann »der Fürst des Hauses«. Aus »frommer Schwachheit« kann er sich dazu aber nicht entschließen und sagt allen dreien jeweils in besonders emotionalen Situationen das Erbe zu, wohl als Ausdruck seiner unvergleichlich großen Liebe zu jedem von ihnen. Als sein Tod naht, »schmerzt ihn, zwei von seinen Söhnen, die sich auf sein Wort verlassen, zu kränken.« Darum verfällt er auf die kurzlebige Lösung, zwei weitere genau gleiche Ringe anfertigen zu lassen, jeden Sohn einzeln zu sich zu rufen und ihm einen Ring zu geben. Nach seinem Tod kommt es nachvollziehbarerweise zum Streit. »Ein jeder (kömmt) mit seinem Ring, und jeder will der Fürst des Hauses sein. Man untersucht, man zankt, man klagt. Umsonst, der rechte Ring war nicht erweislich.«

Der angerufene Richter weist die Erwartung zurück, den »richtigen« Ring ausfindig zu machen. Er gibt den Klägern stattdessen sein Fazit zu Protokoll. Erstens: möglicherweise habe keiner der drei Brüder den gesuchten Ring, denn bei keinem von ihnen bewähre sich dessen friedenstiftende Wirkung. Zweitens: Möglicherweise habe der Vater »die Tyrannei des einen Ringes nicht länger in seinem Hause dulden wollen«, er habe also »zwei (Brüder) nicht drücken mögen, um einen zu begünstigen«, und darum Duplikate für alle drei herstellen lassen. Drittens: Da sie nun alle einen Ring von ihrem Vater bekommen hätten, »so glaube jeder sicher seinen Ring den echten.

[…] Es strebe von euch jeder um die Wette, die Kraft des Steins in seinem Ring an Tag zu legen! Komme dieser Kraft mit Sanftmut, mit herzlicher Verträglichkeit, mit Sanftmut, mit innigster Ergebenheit in Gott zu Hilf'!« (cit. nach: Lessings Werke, ed. Kurt Wölfel, Erster Band, 1967, aus Ss. 528–534)

Bild- und Gleichnisrede

Diese Parabel eines (streitbaren) christlichen Autors über den Wahrheitsanspruch der Religionen stellt nicht vorrangig eine Beziehung her zwischen Besitz der Wahrheit und materiellem Besitz, wohl aber zwischen Rechtsanspruch seiner Religion und Vorherrschaft. Wie bereits angesprochen, werden vom Sultan in der Rahmenhandlung auch ausdrücklich die Motive der Verfügung über Macht und der Verfügung über Geldmittel thematisiert – sie sollen gerade keine Rolle für die Beantwortung der Frage nach der einzig wahren Religion spielen. In Nathans Gleichniserzählung selbst geht es darum, dass man die Wahrheit nicht besitzen kann wie Geld (Ring) oder Macht (Familienoberhaupt), da sie »nicht erweislich« ist. Sondern man kann immer nur danach streben und muss dazu seine besten Kräfte einsetzen.

Lessings »Ringparabel« hat mir schon als Jugendlichem imponiert, obgleich in einer merkwürdig widersprüchlichen Lesehaltung. Um davon begeistert zu sein musste ich ja wohl die Aktualität empfunden haben. Aber ich fühlte die kirchliche Glaubenslehre davon nicht im Kern getroffen, vielleicht aus einer Neigung zu oberflächlicher Abstraktion oder aus Loyalität.

Heute hindert mich nicht allein der doktrinäre Wahrheitsanspruch der Kirche an innerer Nähe und Zustimmung. Wenn jemand beispielsweise eine politische oder wissenschaftliche Anschauung hartnäkkig vertritt und Kritik und Gegenpositionen mit allen Mitteln zu unterdrücken sucht, ist das armselig und schändlich und kann für andere Menschen schlimme Folgen haben. So gab es Länder, in denen die Bevölkerung während der Corona-Pandemie zu schwerem Schaden kam, weil man nur einer – offenbar inadäquaten – Interpretation der Krankheitszusammenhänge folgen durfte. Ein von Anfang bis Ende einzig richtiges Konzept hatte niemand. Die Unzufriedenheit mit dieser eigentlich ganz normalen Tatsache ist wohl mit ein Grund dafür, dass Ideologien mit Absolutheitsanspruch reüssieren. Das eigentlich Unselige in der Kirche ist für mich aber die innere Verbindung und Strukturgleichheit der angemaßten Herrschaft über den »einzig wahren« Glauben und über ihren materiellen Besitz und die damit verbundene politische Macht. Auch auf allgemeiner gesellschaftlicher Ebene ist es schädlich, wenn man für sich das einzig richtige Weltbild in Anspruch nimmt, sei es auch noch so gut gemeint, zum Beispiel im Sinne einer bestimmten ökologischen Politik oder »unserer freiheitlichen Grundordnung« nach gängiger Lesart. Mit Sicherheit übersieht man dabei einige problematische Zusammenhänge. Völlig unhaltbar aber sind solche theoretischen Positionen, wenn sie zugleich Ursache und Folge von Gewaltausübung sind. Wenn zugunsten des »wahren Christentums« und anderer Religionsauffassungen ganze Kulturen zerschlagen wurden, waren Machtzuwachs und exklusiver Rechtsanspruch zugleich Voraussetzung und (angestrebtes) Resultat. Ich fürchte, dass es dieselbe Beziehung zwischen »unserer rechtsstaatlichen Demokratie« und unserer Wirtschaftspolitik gibt. In der Kirche fehlt allerdings fast jedes wirksame demokratische Korrektiv.

Konfrontiert mit einem mit gewaltigen Machtmitteln unterfütterten wörtlichen Wahrheitswahn der christlichen Lehre imponiert mir aufs Alter immer mehr Nathans Gleichnis vom Ring und den drei Brüdern – nicht nur seine Moral, sondern auch dieses undogmatische Medium.

Bildliche Gestaltungen und Erzählungen von Gott und seinem Wirken und deren Interpretationen können Sinnvolles und Wertvolles in sich bergen. Autoritative Festschreibungen können das prinzipiell nicht. Das gilt nicht nur in Bezug auf christliche Lehrinhalte, sondern auch auf Organisationsstrukturen der Kirche.

Wenn wir etwas von Gott erfahren können, dann wohl eher, wie er uns aus unermesslichen Weiten, aus dem Brausen der Unendlichkeit vernehmbar wird; nicht, wie er uns aus Vorschriftskatalogen vor die Nase gesetzt wird. Ich finde es lächerlich – und ich stelle mir vor, aus dem All tönte ein unheimliches Echo davon zurück –, die Sicherheit seiner Wahrheitsbehauptung über Gott mit Druck propagieren zu wollen; Zettelchen mit verbindlichen Glaubenssätzen an die immer schneller aus dem Gesichtsfeld trudelnden Wände unserer Galaxie zu heften; mit den restlichen Schnipseln die rissigen Mauern des eigenen Gebäudes fest zu kleistern.

Michelangelo hat, entgegen seinem ursprünglichen Auftrag, keine biblischen Geschichten »eins zu eins« auf die Wände und die Decke der Sixtinischen Kapelle in Rom aufgemalt. In seiner Darstellung kommt Gott zur Erschaffung Adams (oder zur ersten Begegnung Adams mit Gott) in stürmendem Flug aus der Leere. Der Stoff seines Gewandes und seine Haare fliegen im Wind. In gedrehter liegender Haltung, inmitten jüngerer menschlicher Figuren, deren einer er seinen linken Arm über die Schulter legt, als ob er diesen Halt brauchte, um das Gewicht seines weit vorgestreckten Armes auszugleichen, ist sein Blick auf die ihm hin gehaltene Hand Adams gerichtet. Aber er sieht nicht so aus, als ob er bei ihm verweilen wollte. Er ist hier »im Anflug«, in ebenso dynamischer Bewegung, wie in Michelangelos Darstellungen der Erschaffung des Lichts und der Trennung der Erde vom Wasser.

Auch in seinem Jahrzehnte später gemalten Fresko, dem »Jüngsten Gericht«, bleibt Michelangelo seiner Vorstellung Gottes treu, nämlich als eines lebendigen personifizierten Bewegungszentrums. Christus thront hier nicht statisch »über Lebenden und Toten« um über sie Gericht zu halten. Er scheint auf einer kleinen Wolke mitten unter sie gefahren zu sein, um sie mit weit ausholender kreisender Bewegung seiner Arme aus allem bisherigen Stand und Standort zu wirbeln, sie zu sich und zu dem Platz zu weisen, der ihrer, ihr richtiger ist. Die meisten der unzähligen Figuren sieht man im Nirgend-»wo« dieses Kraftfeldes, nicht im »Himmel«, nicht in der »Hölle«. Christus aber ist die scheidende Kraft in der Mitte.

Wahrheit

Das Christentum beansprucht, die einzig wahre Religion zu sein, sich auf den einzig wahren Gott zu beziehen und über ihn und sein Wirken unanfechtbare Wahrheiten zu vertreten. Christliche Dogmatiker sprechen dabei von Glaubenswahrheiten und geben sich damit in gewissem Sinne einen Unschärfe-Bonus. Wer zentralen Lehrsätzen nicht problemlos folgen kann, dem »lassen sie Luft« mit dem Hinweis, ihre Sprache handle ja nicht von physischen Ereignissen, sondern von einer offenbarten Realität, also von einer ganz anderen Ebene. Daraus haben sie wohl selbst in der Geschichte allzu häufig nicht die richtigen Schlüsse gezogen. Was zum Beispiel ist es denn mit Jesu »Auferstehung der Toten«, der zentralen christlichen, für Christen unanfechtbaren Grundwahrheit?

Gemäß der Einsicht, dass sich zwischen polaren Gegensätzen oft entscheidende Korrespondenzen finden, huldigen auch nach eigener Beteuerung aufgeklärte, wissenschaftlich-rational denkende Menschen zuweilen einer selbstherrlichen Verabsolutierung ihrer Erkenntnisse.

Meine Sozialisation, mein Erwachsenwerden und Altwerden, vielleicht auch so etwas wie ein spiritueller Genotyp oder – bedenklicher – ein geistiger Hochmut haben mich nie liebäugeln lassen mit der Art von wissenschaftlich getuntem »Materialismus«, für den es nichts gibt außer das »Triviale«, auf der Straße Herumliegende. So etwas wie Klötzchen für den Baustoff der Welt zu halten und deren Mechanik für den Grund allen Geschehens – die verzerrenden Formulierungen zeigen es –, sah ich nie als ein Merkmal von nüchternem Realismus an. Spätestens seit der Neuzeit können die Soldaten gegen die Schimäre des »Geistigen« große Eroberungen verzeichnen. Mit Bauklötzen wollen sie heute nicht mehr in Verbindung gebracht werden, es sei denn um kleinen Kindern den Aufbau der Welt zu erklären. »Atome« erfüllen auch nicht mehr ihre Funktion, längst ist man bei Teilchen-Teilchen, Nicht-mehr-Teilchen, Wellen, Informationen, Verhältnis-Feldern angekommen, aus denen alles, was sei und geschehe, bestehe und über das hinaus es im All nichts gebe. Also gelte dies auch für Gedanken, Gefühle, Absichten, Erinnerungen und Wünsche. Einem religiös figurierten Menschen soll gesagt sein: was immer er zu glauben, zu hoffen, zu lieben meint, es ist nichts als Funktion seiner selbst, als seine Gehirnströme, als Schaltungen und Vernetzungen seiner Nervenimpulse – laut aktuellster Erkundung im Social Network zu ihrem fahrigen Dasein gebracht vermöge eines alles hervorbringenden, alles verschlingenden Viren-Containers, genannt Körper.

Die kosmologische Lehre, dass sich die Sonne um die Erde dreht, fand man vor Jahrhunderten immer wieder und allerorten bestätigt. Für die unmittelbare Anschauung ist es völlig plausibel, dass die Sonne morgens in einer Kreisbahn »aufgeht«. Aber sie verliert ihren Wert, wenn man ihre Geltung zu einer absoluten Wahrheit überdehnt, losgelöst von den Zusammenhängen, aus denen sie entstanden und in denen sie hilfreich ist. Die Vorstellung, die Welt sei ein mechanisches Reich gemäß der Newtonschen Physik, hatte riesiges Aufklärungspotenzial und räumte mit manchem Geisterglauben auf, aber sie konnte sich nur eingeschränkt behaupten. Erklärungsmodelle taugen nur, solange sie sich ihres bedingten Ansatzes und begrenzten Geltungsbereichs bewusst sind.

Das gilt genauso für Glaubenswahrheiten. Wir Menschen sind es, die glauben, wir unterschiedlichen Menschen in unterschiedlichen Welten sind es, die etwas als wahr annehmen. Es ist immer ein bedingter Ansatz und hat immer nur eine begrenzte Geltung. Auch Offenbarung ist keine Ein-zu-eins-Übermittlung bestimmter Sachverhalte.

Heute scheint mir, dass ich selbst mich in den Gegensätzen Materie und Transzendenz, exakte Wissenschaft und Glauben über lange Zeit meines schon vorgerückten Erwachsenenlebens etwas zu bequem eingerichtet habe. Ich habe gleichsam die Kanten dieser Denkwelten verbal abgeschliffen oder durch Formulierungen so geformt, dass ich sie aneinander, ineinander fügen konnte. Ich fühlte mich getragen von der genuin christlichen Denkfigur der Inkarnation, der Menschwerdung Gottes, wie ich sie verstand: Wenn Gott sich den Menschen offenbaren wollte, musste er sich zeigen. Er musste den Menschen erscheinen. Dafür brauchte es physische Zeichen. Aber das physisch Erscheinende ist mehr als das. Der Mensch Jesus ist »Gottes Sohn«, wie die Christen sagen.

Entsprechend, so legte ich es mir zurecht, ist ganz fraglos alles, womit Menschen in der Welt zu tun haben, unlösbar mit Irdischem, mit Körperhaftem, Körperbehaftetem getränkt. Auch die hehrsten Ideen, die genialsten Theorien von Menschen sind in jeder Hinsicht im Körperlichen, im Materiellen verhaftet. Diese Tatsache beweist aber nicht, dass rückstandslos alles in jedem Sinne nichts anderes als »Materie« ist (Atome, neuronale Vorgänge, virale Einwirkungen o.ä.) und völlig in den Gesetzen des Materiellen aufgeht. Mit dieser Überlegung hatte ich mir einen unverminten Weg zum »Metaphysischen« aufgehalten. Ich störte mich nicht weiter an der Kategorienvermischung in der katholischen Lehre, soweit ich sie aufgenommen hatte, und verstand Jesu »Gottessohnschaft« nie als biologische Realität. So konnte ich Gebiete der christlichen Dogmatik lange Zeit für wunderbare Facetten des Glaubens halten, weil dort Glaubensinhalte und ihre Formulierungen nach meinem Gefühl nicht nur sorgsam reflektiert, sondern geradezu hymnisch ausgesprochen wurden. Die manchmal erbitterten theologischen Auseinandersetzungen, die in Frühzeiten der Kirche dazu geführt hatten, hörte ich nicht mehr heraus.

Worte im Credo, dem christlichen Glaubensbekenntnis, waren für mich erhebend schön, wenn sie den Glauben an den einen Gott ausdrücken, der er auch in seinem Sohn ist:

»Et in unum Dominum Jesum Christum, Filium Dei unigenitum et ex Patre natum ante omnia saecula. Deum de Deo, lumen de lumine, Deum verum de Deo vero, genitum non factum, consubstantialem Patri: per quem omnia facta sunt. Qui propter nos homines et propter nostram salutem descendit de caelis.«

Ich las daraus: den Glauben an einen Sohn Gottes, nämlich die alles Begreifen übersteigende Vorstellung einer grunderschütternden, besser: grundbelebenden Liebesmacht, ausströmend in einer einzigartigen Beziehung gleich der von Vater und Sohn, die zeitlos-immer war, die der Urgrund von allem ist, deren Kraft so groß ist, dass beide eins sind, unteilbar wie Licht, dessen Wesen darin besteht, sich in alles zu verschenken.

Sich befreien

Ich erwarb darin übrigens nie eine fachliche Kompetenz. Es hatte für mich mehr einen Wert wie »gründelnde« Gespräche mit Freunden. Natürlich geriet ich damit in Widerspruch zu dem Umgang der katholischen Amtskirche mit den im Lauf der Geschichte diskutierten Lehren: Einzelgruppen und Einzelpersonen erklärten bestimmte Formulierungen für absolut wahr und allgemein verbindlich und sich selbst für von Amts wegen unfehlbar. Mag das für bestimmte Phasen der Kirchengeschichte notwendig und hilfreich erschienen sein – mir ist es heute ganz und gar inakzeptabel.

Auch auf eine bloß hinhaltende »Gesprächsbereitschaft« seitens der kirchlichen Hierarchie verzichte ich ersatzlos. Sie setzt nach meinem Eindruck meist mehr darauf, einen möglichst hohen Anteil ihres Systems einschließlich der darin verankerten Privilegien zu retten, und kalkuliert beim Kirchenvolk eher auf einen christlichen Reflex des Zurücksteckens und des Gehorsams statt Unrechtsstrukturen abzuschaffen. Es kann keinen Ausgleich mit Missbrauch, mit Verschleierung von Verbrechen, mit strukturellem Verstoß gegen bürgerliche Gesetze, mit Selbstimmunisierung von Tätern, mit Entrechtung jeder Art geben. »Setzen wir uns doch einmal zusammen und sprechen über alles, es ist doch nicht alles schlecht!«, mag in manchen Ohren friedfertig und abgeklärt klingen, läuft aber darauf hinaus, vieltausendfache Verletzung wissentlich weiter hinzunehmen.

Christen, das meine ich, sollten sich entschiedener auf den Weg machen (vielleicht besser nicht den synodal gesicherten), so wie und so weit es geht, und einfach fallen lassen, was sie fesselt. Niemand kann das alleine, schon gar nicht Vertreter des hohen Klerus. Der Papst kann sich nicht selbst abschaffen. Christen sollten in ihre Runde gucken, sich in die Augen sehen und signalisieren: Wir freuen uns über die Botschaft Jesu. Wir lassen sie nicht von ihren Usurpatoren in den Schlamm stampfen. Keine Machtinstanz soll sich vor ihren Geist stellen: zu trösten, zu heilen, Leben zu eröffnen. Ich bin überzeugt, dass sich auch viele »Funktionsträger« der Kirche befreit fühlen, wenn sie dem nachgehen, wozu sie sich ursprünglich berufen fühlten. Und »Laien« können ihren Platz finden, der für sie richtig ist.

Ich träume nicht von einer Revolution. Ich spreche nicht von einer Fortschrittsfraktion in der Kirche. Ich spreche mich für etwas aus, was längst im Gange ist, sich aber immer wieder leicht an Gegenkräften, besonders auch an der mangelnden Verfügung über formale Macht und Geldmittel und an der eigenen Mutlosigkeit zu zerreiben scheint. 2000 Jahre Entwicklung zur römischen Weltkirche! – der Bau ist doch so großartig, was sind dagegen Anliegen von Einzelnen oder von Teilgruppen?

Ich kann dem, was ich heute an der Kirche ganz und gar verfehlt finde, kein positives Konzept gegenüberstellen. Auch wenn mir manchmal scheint, dass die offizielle deutsche (europäische?) Kirchenideologie sich ein bräsig-bürgerliches Wohnzimmer aus dem 19. Jahrhundert zum Maßstab eines profunden Christentums genommen hat oder dass sie allenfalls in den Nebenzimmern der Jugend etwas modernen

Kram zugesteht, sehe ich nicht viel Fortschritt darin, gleichsam von gegnerischer Seite eine Front in Stellung bringen.

Was ich mir wünschte, wäre ein zunehmendes Bewusstsein und eine reifere Praxis, nicht auf einen fest ins Auge gefassten Zielpunkt hin steuern zu wollen, wie die Kirche zu sein hätte, sondern in wacher Bereitschaft zu erfahren, wie der Glaube belebt; »wie«, das heißt: unter welchen Voraussetzungen, in welcher Einstellung, in welchen Spielarten der Kommunikation. Die erforderliche Verständigung untereinander kann sich nicht am Modell eines Machtkampfes orientieren, etwa: Anhänger der traditionellen Kirchenstruktur gegen »Erneuerer«. Darin könnten beide Seiten vielleicht ihre Teilerfolge feiern und in diesem Sinne die ausgetragenen Auseinandersetzungen weiterhin für angebracht halten. Mir scheint dagegen, dass sie den Charakter des Feilschens und Rangelns schwer ablegen könnten. Die Abwertung dessen, wogegen man meinte in den Kampf ziehen zu müssen, schlägt dabei leicht zurück und vergiftet den partiellen »Landgewinn«.

Es wäre schön, wenn sich möglichst immer mehr Gleichgesinnte fänden; nicht um gegen irgendetwas und irgendwen zu kämpfen und eine eigene Position stark zu machen. Der Richter in der Ringparabel weist es zurück, wie in einem Tarifkonflikt oder zwischen konkurrierenden politischen Parteien den Anwalt zu machen und in seinem Sinne ein für alle bindendes Urteil zu sprechen. Schon gar nicht muss in Glaubensfragen eine Seite von einer Gegenseite das Recht erkämpfen, überhaupt da zu sein und sich zu entfalten. Und am wenigsten muss man um Rechte ersuchen von einer Seite, die in der Vergangenheit bestimmend war, aber jetzt ihr vormaliges Recht verloren hat. Ein gewählter deutscher Minister muss heute nicht bei einem Nachfahren der Hohenzollern die Genehmigung für sein politisches Handeln erbitten, nur weil früher aus diesem Geschlecht deutsche Kaiser stammten. Ein heutiger Bürger muss sich nicht den Reglements der Österreichisch-Ungarischen Doppelmonarchie unterwerfen und bei deren Verwaltungsinstanzen die Genehmigung für irgendetwas beantragen. Eine erwachsene Tochter muss bei ihrer Partnerwahl nicht den Präferenzen ihrer Eltern folgen, weil diese früher die Erziehungsverantwortung hatten. Einem modernen Theologen darf nicht die Ausübung seines Berufs unmöglich gemacht werden, weil er nicht mit bestimmten Lehrtraditionen übereinstimmt, die Menschen lange vergangener Zeiten als sinnvoll gegolten haben. Bischöfe müssen nicht für das, was sie in ihren Diözesen verantworten wollen, die Erlaubnis aus Rom haben, nur weil dieses Verfahren in Jahrhunderte alten Regeln festgesetzt wurde.

Die pure Tatsache, dass man eine Tradition vertritt, rechtfertigt gar nichts und niemanden. Wenn eine Gruppe auf nichts als auf Traditionen und auf in der Vergangenheit erworbenen Machtpositionen ihr Recht begründet, verdient sie meines Erachtens einfach keine Beachtung. Dasselbe gälte natürlich ebenso für Gruppen, die sich allein mit der Parole »Gegen das Alte!« durchzusetzen versuchten.

Ich denke also, einzelne Christen und christliche Gruppen sollten mehr Energie in »christliches Leben« investieren, mündig befreit von auferlegtem Druck und nach ihrem besten Glauben, als sich zu sehr in kirchenpolitischen Auseinandersetzungen zu vergeuden. Die damit verbundene Vielfalt entspräche eigentlich wohl auch der tatsächlichen deutschen, europäischen, weltweiten Situation, nämlich den tatsächlich vorhandenen Ausprägungsformen des Christentums, den verschiedenen Konfessionen, regionalen Traditionen, sozialen Strukturen, Altersgruppen, Glaubensstilen und so weiter. Wer will allen Ernstes behaupten, anglikanische oder orthodoxe Gläubige seien keine wirklichen Christen, Anhänger der Tridentinischen Messliturgie seien keine wirklichen Christen, wer als verbindlich erklärte Glaubensformeln (zum Beispiel die Jungfrauengeburt) nicht in ihrem üblichen Wortsinn akzeptieren könne, sei kein wirklicher Christ, wer an das Christkind glaubt, das die Weihnachtsgeschenke bringt, sei kein wirklicher Christ, wer glaubt, Gott habe die Welt in sechs Werktagen erschaffen ...: dem Ab- und Ausgrenzungswahnsinn scheinen keine Grenzen gesetzt.

Natürlich ist mir bewusst, dass ich auch meine eigene Art zu glauben und deren Geschichte in keinster Weise verallgemeinern kann. Mein Alter, meine Herkunft, mein Werdegang, meine Denkweise und meine Vorlieben bestimmen mich, aber niemanden sonst in gleicher Art. Mir sind meine im weiten Sinne religiösen Jugenderlebnisse viel wert. Das heißt aber doch nicht, sie in einem goldenen Kästchen verklärender Erinnerung einzuschließen oder starrsinnige Betonmauern darum hochzuziehen.

Christen sollten wie die drei Söhne in Lessings Ringparabel nicht um Recht und Vorrecht kämpfen, das von anderen befolgt werden muss, sondern ihrer wachen Verantwortung für sich und jedermann gerecht werden. Dass sie nicht alle gleich sind, ist ebenso offenkundig wie das Nebeneinander verschiedener Religionen. Menschen werden durch ihre Herkunft zu ihrer Religion bestimmt. Nathan erinnert den Saladin anlässlich der Frage, wessen Glauben man »am wenigsten in Zweifel zieht«, an das Selbstverständliche: »Doch der Seinen! Doch deren Blut wir sind! Doch deren, die von Kindheit an uns Proben ihrer Liebe gegeben! Die uns nie getäuscht! [...] Wie kann ich meinen Vätern weniger als du den deinen glauben? Oder umgekehrt?« (cit. s.o.; Rechtschreibung und Zeichensetzung leicht verändert).

Der Richter, den die drei Brüder angerufen haben, damit er über den wahren Ring entscheide, täuscht nicht über das Konfliktpotenzial hinweg, das in der Verschiedenheit liegt. Er gibt zu, nicht weise genug zu sein dieses durch ein rechtskräftiges Urteil – im übertragenen Sinne: – über die richtige Religion auszuräumen. Er gibt sinngemäß nur den Rat, ein jeder möge sich bemühen, den Wert seines Glaubens nicht durch Herrschaft zu bewahrheiten, sondern »mit Sanftmut, mit herzlicher Verträglichkeit, mit Wohltun, mit innigster Ergebenheit in Gott.« (s.o.) Auch wenn das vielleicht nicht das letzte Wort in der Wahrheitsfrage ist, gibt es keinerlei Grund jemandem nachzugeben, der sein Vorrecht behauptet mit Prinzipienstarre, mit der Abwertung anders Denkender, mit Sanktionen, mit Unmenschlichkeit im Namen Gottes. Der Anspruch, den einzig richtigen Glauben zu haben, beweist das Gegenteil. Der Versuch, ihn mit Machtmitteln durchzusetzen, führt gerade zu dem Ansehensverlust, den vor allem manche Kirchenobere befürchten.

Wieso sollte das Wirken verschiedenster auch innerkatholischer Gruppierungen im Rahmen der Gesetze und einer Grundverständigung auf menschlichen Respekt dem Bestand des Christentums gefährlich sein? Inwiefern wäre es verwerflich, dass auch in meiner Kirche unterschiedliche Theologien, Liturgien, rechtlicher Regelungen, Frömmigkeitsstile versuchen, der Botschaft Jesu gerecht zu werden und sie fruchtbar zu machen? Warum sollte für den Glauben falsch sein, was für Wissenschaft, Politik, für das menschliche Zusammenleben selbstverständlich und unersetzlich ist? Wäre das Risiko so groß, dass Tyrannen die Religion der Bergpredigt und des Magnificat unversehens zu ihren finsteren Zwecken unterwandern, dass sie ihren Machtanspruch auf den biblischen Worten Marias aufbauen: »Herrscher hat er vom Thron gestürzt, Niedrige aber erhoben«?

Kann ich es nicht aushalten, dass meine Gewohnheiten im religiösen Kontext von immer weniger heutigen Menschen geteilt werden oder dass ich mit meinen Denkversuchen über Auferstehung und ewiges Leben nirgends klare oder klärende Zustimmung finde? Muss man jemanden als hinterwäldlerisch abwerten, weil er an der Weihnachtsgeschichte einschließlich Ochs und Esel mit erfülltem Herzen Anteil nimmt?

Nur Worte

Alles andere, als Vielfalt im Leben wie im Glauben anzuerkennen, beweist nicht nur Dogmatismus, sondern auch die Unfähigkeit, überhaupt die Realität wahrzunehmen. Und es verrät die Weigerung, mit Sprache sinnvoll umzugehen. Worte sind nicht Kennnummern, genau eine bestimmte Nummer für eine bestimmte Sache, so dass man nur vermeiden müsste, für etwas »Wirkliches« eine falsche Kennnummer einzugeben. Das Christentum bekennt einen personalen Gott in der Wirklichkeit dreier Personen als Schöpfer der Welt. Man kann das sagen, man kann sich an diese Redeweise gewöhnt haben, man kann dem Sinn dieser theologischen Aussage nachgehen. Aber damit steht sie nicht für einen bestimmten eindeutigen Inhalt. Dogmatische Autoritäten fordern Kennziffern aufzusagen und zu schwören, dies seien die eigenen Überzeugungen.

Ich weiß nicht, wie es Menschen anderer Länder, anderer Generationen, anderer Sozialisation, anderer Persönlichkeitsprofile geht. Ich fühle mich im Grunde wohl, spirituell ummantelt vom christlichen Glauben. Ich verspüre eine große Sehnsucht nach dem Grund und der Grundlage dessen, was ich in meinem Leben teils verloren, teils gewonnen habe. Für mich weiß ich nichts Besseres, nichts Richtigeres als das, was als Worte und Taten Jesu im Neuen Testament überliefert ist oder was zum Beispiel in einem Loblied wie dem jüdischen Kaddisch gesagt wird: »Erhoben und geheiligt werde sein großer Name auf der Welt, die nach seinem Willen von ihm geschaffen wurde. […] Gelobt sei er, hoch über jedem Lob und Gesang, jeder Verherrlichung und jeder Trostverheißung, die je in der Welt gesprochen wurde …« Eine Öffnung spüren zu können zu einem ganz Anderen, unsagbar Größeren, zu einem sich wie ein Feuerschweif Entziehenden und doch zu einem in Milz und jedem Zellkern Glühenden: in nichts könnte ich mehr mein Leben finden.

Ein solcher Bewusstseinszustand konnte sich bei mir – natürlich je anders gefärbt – in bestimmten Lebenssituationen wie von selbst einstellen: bei der Geburt eines Kindes, zum Ende einer besonders schönen Ferienzeit mit Freunden oder einem geliebten Menschen, an einem »erfüllten« Spätnachmittag am Meer, in einem Konzert mit den späten Streichquartetten Beethovens. Es gibt da langsame Sätze und es gibt da Musiker, denen mit allen Fasern zuzuhören wie eine Tür in eine andere Welt ist – gleichsam eine intensivst sinnenfällige »Schaltung« in eine höhere, wenngleich völlig unerklärliche Dimension des Menschseins. Mir schien immer, dass ich das behelfsmäßig vergleichen kann mit dem, was Jesus vielleicht mit dem »Reich Gottes« angesprochen hat, welches in seiner Verkündigung liegt: unerschöpflicher Trost, Wert als Mensch, Liebe. Ich weiß nicht konkret, was ich mir unter dem inkommensurablen Trost, unter »Heil« und »Erlösung« vorstellen soll, wovon das Neue Testament spricht. Ich glaube nicht, dass es menschliche Worte dafür gibt, noch viel weniger, dass dies in irgendeine dogmatische Formel eingeschweißt oder in irgendwelchen Zeremonien verabreicht werden kann, und ganz und gar nicht, dass es dafür eine kirchliche Verwaltung geben sollte.

Unser Weltbild ist aufgerissen und zerrissen. In unser Persönlichkeitsprofil sind Vererbung und Umwelt eingeschrieben, unsere mentalen Vorgänge beruhen auf körperlichen Prozessen, unsere Lebensform wird uns vom jeweiligen kulturellen Stand vorgegeben, wir Menschen existieren erst seit allerkürzester Zeit auf der Erde, diese aber verliert sich in einer unfassbaren, schwindelerregenden Raum-Zeit und diese vielleicht in uns verborgenem Nicht-Raum und Nicht-Zeit. Hätten in der Kirche die Besitzer der »Glaubenswahrheit« nicht so überaus und undurchschaubar mächtige Netzwerke, wäre ihr eineindeutiges Weltbild im 21. Jahrhundert einfach grotesk. So aber verwenden sie es als sakramentalen Segen für eigennützige Schurkerei, die sich jeder Intervention überlegen weiß.

Von was für einem Gott ist im Christentum die Rede?
Bildliche Gestaltungen und Erzählungen von Gott und seinem Wirken können mehr Sinnvolles, Wertvolles in sich bergen als ein mit gewaltigen weltlichen Machtmitteln unterfütterter dogmatischer Wahrheitswahn einschließlich entsprechender Organisationsstruktur – als solcher verfehlt er prinzipiell sein Thema. Mir scheint, wenn wir etwas von Gott erfahren können, dann wohl eher so, wie er uns aus unermesslichen Weiten, aus dem Brausen der Leere vernehmbar wird.

Dass er in früheren Zeiten oft mit Herrschaft, Krieg, Zorn, Strafe in Verbindung gebracht wurde, bringt ihn mir nicht näher – aber eigentlich ebenso wenig, dass er gütig, gerecht, väterlich, mütterlich, freundschaftlich sei. Mir scheint das entschieden zu tief gegriffen. Als gelernter Katholik kann ich die menschenfreundliche

Intention solcher Zuschreibungen nachvollziehen. Aber sie sagen mehr aus über menschliche Bedürfnisse als über einen Gott, von dem doch nicht einmal eine Gewähr zu haben ist, ob und wie es ihn gibt.

Wenn Gott sich im Buch Genesis dem Abraham gegenüber als »Ich-bin« offenbart, haben die Autoren dieser Erzählung ein bemerkenswertes Unikum geschaffen: ein zu einem Menschen sprechendes Gott-Wesen, das »ist«, und zwar als »Ich« – nichts weiter. Das Weitere liegt nur darin, dass diese drei Wesenszüge sich gleichsam ineinander und wechselseitig entzünden und füllen. Das »bin« braucht und hat ein »Ich« und umgekehrt. Das Sprechen braucht ein »Ich«. Und das »Ich« ist, indem es spricht. Das »bin« aber besteht im »Sprechen«, das heißt darin sich jemandem zuzuwenden und sich ihm zu zeigen.

Abgesehen von dem Reiz und (wenn es gut geht) von der Schönheit eines solchen Wort-Freskos gewinne ich dadurch vielleicht eine ferne Ahnung davon, wie Vorstellungen entstehen können von Gott als Person und von drei Personen in einem Gott. Aber ich kann davon nicht annähernd etwas festhalten, ohne menschliche Eigenschaften zu assoziieren. Was soll eine körperlose, gesichtslose, eigenschaftslose Person sein?

Wenn zu der »Ich-bin«-Selbstkundgabe des alttestamentlichen Gottes auch irgendwie die Rede von der für den Menschen sichtbaren »Zuwendung« Gottes in der Schöpfung und in seinem »Sohn« Jesus passt, wenn man dies hören will: Was ist damit schon dargelegt? Für mich jedenfalls nicht, dass dieser Gott lauter wünschbare Eigenschaften eines netten Menschen in sich versammelt (vielleicht noch mit dem upgrade einiger Wundermittel). Für mich folgt daraus nicht, dass Gott für eine unfallfreie Autobahnfahrt sorgt, dass er mich in schwierigen Situationen berät, dass er den Kommunikationsstil einer empathischen Frau hat, dass er mich gesund erhält, dass er mein Leben auspolstert. Wenn ich mein Nachdenken in Richtung eines wahren Gottes nicht abschalten will, dann werde ich auf einer Wellness-Oberfläche genauso wenig fündig wie in dogmatischen Formeln.

Mir scheint, ich müsse mich dann eher verlieren: in die unabsehbare Weite dessen, was wirklich ist: in die trudelnde Unendlichkeit des Universums, in das Labyrinth aus Entstehen und Vergehen auf der Erde, in das Chaos von Gelebtem und Ungelebtem in mir. Angesichts der Tiefe des Weltraums, seiner Schönheit und seines Grauens, seiner endlosen Fülle und seiner grenzenlosen Leere kann sich vielleicht etwas auftun wie ein Horchen und wortloses Fragen nach einem »Ich-bin«, nach einem alles enthaltenden Sein, das spricht. Diese Erfahrung aufgreifend könnte man die Rede von der »Offenbarung durch die Schöpfung und die Propheten« als nicht so fernliegend empfinden. Sie beinhaltet ja, dass man die Welt und menschliche Geschichte, die für manche im Wortsinn bedeutungslos ist, auch als ein Sprechen verstehen könnte; als die Worte eines Gottes, der sich in der biblischen Erzählung als »Ich-bin« vernehmbar macht und dessen Vernehmbarkeit sein »ich« und sein »bin« ist; eines Gottes, dessen Wesen nicht einfach darin besteht, irgendwie zu sein – ein Felsklotz in der sinnlosen Unendlichkeit –, sondern sich wie ein Jemand an Jemanden zu wenden, mit keiner anderen Botschaft als sich dem Angesprochenen sein »Ich-bin« mitzuteilen und es insoweit mit ihm zu teilen.

Offensichtlich reicht meine Sprachfähigkeit nicht aus, ein Ich, das ist und spricht, nicht als eine menschliche Person zu verstehen. In welchem Sinne jedoch sollte man von Gott als Person sprechen, wenn er keinen Körper hat, wenn er zeit- und ortlos ist, wenn er nicht denkt, weil er allwissend ist, wenn er nichts tut, weil alles schon durch seinen bloßen Willensakt getan ist?

Für Abraham konnte ein Wesen nicht Gott sein, das wie ein Mensch ist (oder gar ein Tier oder ein Gegenstand). »Gott« konnte nur jenseits aller Vergleiche ganz anders und unendlich größer sein in seinem »Ich-bin«, als das er sich aussprach.

Absolut außerhalb alles Denkbaren, auch nur in Worten Andeutbaren rückt dieser Gott der Christen aber, wenn es nun doch von ihm heißt, er sei Mensch geworden, nämlich in Jesus: in der Zeit, an einem Ort, mit einem Körper, mit Gedanken und Gefühlen – wenngleich unter menschlich völlig unmöglichen Umständen. Wenn ich mich bemühe dem nachzusinnen, wird der Inhalt dieser Botschaft für mich aufgesogen wie in eine sich verdunkelnde Ferne, umso abgründiger, je dringender ich es zu fassen versuche. Und doch auch: klarer, unverfälschter konnte Gott nicht als »Ich-bin« sprechen, sich äußern, sich mitteilen, sein Gegenüber einbeziehen, als indem er als Mensch zu Menschen spricht; indem er sein Ich-Sein realisiert, indem er ihnen begegnet, sich ihnen zuwendet und gibt, ihnen »sein Leben hingibt«.

So sehr sich dies meinem Verstehen verschließt, so offenbar und real bewahrheitet, so unbezweifelbar scheint mir – auf gesellschaftlicher, psychologischer, gefühlsmäßiger Ebene –, dass die zentrale Botschaft des neuen Testaments darauf hinausläuft, das Leben in jedem Menschen zu mehren (zumindest so lange man sie nicht in auferlegten theologischen Formeln und Vollmachtsansprüchen erstickt). Beim Evangelisten Lukas etwa liest man solche Zeilen, die vielleicht das Allermenschenfreundlichste zum Ausdruck bringen und zugleich das Allergöttlichste:

»Macht hat er geübt mit seinem Arm und zerstreut die stolzen Herzens sind. Sein Erbarmen währt von Geschlecht zu Geschlecht. Hungernde hat er mit Gütern erfüllt, Reiche gehen lassen mit leeren Händen.«

»Selig sind die Barmherzigen, denn sie werden Barmherzigkeit erlangen.«

Indem ich meine Altersgedanken zur katholischen Kirche und zum christlichen Glauben niederschreibe, spüre ich selbst am deutlichsten, wie sehr ich mich in geliehenen Redeweisen und in bildlicher Sprache bewege. Das Eigentliche kann ich nicht klar sagen, nämlich was es für mich in Wirklichkeit auf sich hat mit dem Glauben und mit Gott. Wer einen Gott als den Hintergrund und Urgrund alles Bestehenden, Vergangenen und Zukünftigen ansieht, hat damit überhaupt keinen hieb- und stichfesten Anhaltspunkt für eine sichere geistige Orientierung. Wer überhaupt die Annahme Gottes irreführend findet, vielmehr erschöpfe sich die Welt, wie man ja sehe, im wissenschaftlich-experimentell Nachweisbaren, hat dafür ebenso wenig sichere Belege.

Wenn ich bei verhangenem Wetter sehr lange in einer mir ganz unbekannten Gegend gewandert wäre und irgendwann feststellen würde, ich habe mich hoffnungslos verlaufen; wenn ich dann in der einen Richtung in sehr weiter und doch vertraut wirkender Ferne Aufhellungen sähe, vermutlich von der Sonne beleuchtete Regionen des Horizonts, zur entgegengesetzten Seite aber hinter immer dunkleren Wolken nur noch Schwärze, würde ich mir mehr von der unsicheren Helligkeit versprechen – dem kleinen Jungen nicht unähnlich, der gerne zwischen den heruntergekommenen Gebäuden der »Holzgießerei« in die schimmernde Ferne schaute und sich davon angezogen fühlte.